CB064463

MUDE SUA CABEÇA, MUDE SUA VIDA

DR. JOSEPH MURPHY

O PODER DO SUBCONSCIENTE PARA JOVENS

TRADUÇÃO
EDMUNDO BARREIROS

AGIR

Título original: *Change your thinking, change your life: success for young adults through the power of the subconscious mind*

Copyright © 2023 by Joseph Murphy Trust. Todos os direitos licenciados exclusivamente por JMW Group Inc., jmwgroup@jmwgroup.net.

Direitos de edição da obra em língua portuguesa no Brasil adquiridos pela Agir, selo da Editora Nova Fronteira Participações S.A. Todos os direitos reservados. Nenhuma parte desta obra pode ser apropriada e estocada em sistema de banco de dados ou processo similar, em qualquer forma ou meio, seja eletrônico, de fotocópia, gravação etc., sem a permissão do detentor do copirraite.

Editora Nova Fronteira Participações S.A.
Av. Rio Branco, 115 — Salas 1201 a 1205 — Centro — 20040-004
Rio de Janeiro — RJ — Brasil
Tel.: (21) 3882-8200

Dados Internacionais de Catalogação na Publicação (CIP)

M978m   Murphy, Dr. Joseph

Mude sua cabeça, mude sua vida: o poder do subconsciente para jovens/ Dr. Joseph Murphy; tradução por Edmundo Barreiros. – 1. ed. – Rio de Janeiro: Agir, 2024.

Título original: *Change your thinking, change your life: success for young adults through the power of the subconscious mind*

ISBN: 978.65.5837.170-0

1. Aperfeiçoamento pessoal. I. Barreiros, Edmundo. II. Título.

CDD: 158.1
CDU: 130.1

André Felipe de Moraes Queiroz – Bibliotecário – CRB-4/2242

Conheça outros livros da editora:

SUMÁRIO

PREFÁCIO, Como este livro vai transformar sua vida, **11**
    Por que a vida parece injusta?, **11**
    Todo mundo fala com uma consciência maior, **13**
    Uma abordagem prática, **14**
    Desejo é pensamento afirmativo, **15**
    Libere seu incrível potencial humano, **15**

INTRODUÇÃO, 17

SOBRE ESTE LIVRO, 25

CAPÍTULO 1: Consciência: a chave para o poder ilimitado, **27**
    O que é a consciência?, **27**
    Experimentos de consciência, **29**
    O que é a subconsciência?, **32**
    O que é a mente?, **34**
    Consciente x subconsciente, **35**

CAPÍTULO 2: Libere o poder da sua mente, **37**
    Como sua mente funciona, **38**
    Plantando sementes de pensamento, **39**
    Uma mente, duas funções, **41**
    A hipnose revela o subconsciente em ação, **41**
    Seu subconsciente faz o que lhe dizem para fazer, **43**

CAPÍTULO 3: Diga a seu subconsciente o que fazer: afirmação e outras técnicas, **45**
    Autossugestão, **47**

Afirmação, **48**
A arte e a ciência da afirmação, **50**
Solucionando problemas, **51**
Auto-hipnose, **52**
Visão geral, **53**
Visualização, **55**
Murais de sonho ou murais de visão, **57**
Filme mental, **58**
Mantra, **60**
A técnica do sono, **62**
A abordagem da gratidão, **63**
Sinta o amor, **64**
Emitindo uma diretriz, **65**
Fazendo de conta, **66**
O método argumentativo, **68**
Oração, **69**

CAPÍTULO 4: O poder da mente em ação: histórias reais, **70**
Um sonho realizado, **70**
A bolsa, **71**
Superando o medo do palco, **72**
Tornando-se médico, **73**
Superando um temperamento desagradável, **74**
Visão restaurada, **75**
A farmacêutica, **75**
Nikola Tesla, **78**
Ele demitiu a si mesmo, **78**
O medo do fracasso superado, **79**
Ela só queria uma máquina de costura, **79**

CAPÍTULO 5: Repare os danos: superando pensamentos autolimitantes implantados em sua mente, **81**
Heterossugestão, **82**
Falar consigo mesmo de forma negativa, **83**
Faça um inventário, **84**

Reprograme sua mente, **86**
O poder de uma suposta premissa maior, **88**

CAPÍTULO 6: Fique saudável, **90**

Dê ao corpo o que ele precisa, **91**
Foque a saúde, não a doença, **93**
Um princípio de cura universal, **95**
Descarregue sua bagagem emocional, **96**
Como eu me curei, **99**
Histórias de transformação, **101**
Sua história, **102**

CAPÍTULO 7: Ganhe muito dinheiro, **103**

O dinheiro é uma construção mental, **104**
Pense rico, seja rico, **104**
Por que a maioria das pessoas não tem dinheiro, **105**
Não é necessário trabalhar demais, **107**
Não inveje o que os outros têm, **108**
Dinheiro e uma vida equilibrada, **108**
Desenvolvendo a atitude certa em relação ao dinheiro, **110**
Como ganhar mais dinheiro no trabalho, **110**
Proteja seus investimentos, **111**
Você não pode conseguir alguma coisa a troco de nada, **112**
Sua fonte constante de dinheiro, **113**

CAPÍTULO 8: Seja confiante: supere a timidez e o medo, **114**

Superando o medo de falar em público, **115**
Seu maior inimigo, **116**
Medo bom, medo ruim, **116**
Documente seus medos, **117**
Desafie seus gatilhos de medo, **119**
Faça o que você teme, **121**
Medo do fracasso, **122**
Medo de água, **123**
Usando a imaginação para superar o medo, **124**

Superando o medo de andar de elevador, **125**
Catastrofizando, **126**
Descatastrofizando, **127**
Encare seus medos, **128**
Do medo ao desejo, **128**
Tramaram contra ele, **129**
Supere seu medo, **130**

CAPÍTULO 9: Saia-se muito bem na escola e no trabalho, **132**

De notas vermelhas a dez em tudo, **134**
Defina o sucesso, **135**
Os três passos para o sucesso, **136**
Verdadeiro sucesso, **139**
Consulte seu conselho diretor, **141**
Fazendo do sucesso seu mantra, **142**

CAPÍTULO 10: Faça os outros respeitarem você, **144**

Construa uma autoestima positiva, **145**
Seja assertivo, **146**
Tenha a mente aberta, **148**
Solucione desavenças de forma racional, **149**
Resista à pressão, **150**
Aceitando críticas com elegância, **151**
Abrace sua vulnerabilidade, **152**
Crie melhorias, e não desculpas, **154**

CAPÍTULO 11: Faça amigos e cultive as amizades, **156**

Saiba o que você quer em um amigo, **157**
Envolva seu subconsciente na busca, **157**
Torne a amizade uma prioridade, **158**
Torne-se um alvo atraente, **159**
Perdoe, **160**
Exponha-se, **162**
Inicie contato, **164**
A única maneira de ter um amigo é ser um amigo, **165**
Seja seletivo, **166**

CAPÍTULO 12: Encontre sua alma gêmea, **168**

O significado de intimidade, **169**
Imagine sua alma gêmea, **170**
Atraia seu parceiro ideal, **170**
Não há necessidade de um terceiro erro, **172**
Sabendo quando terminar um relacionamento, **174**
Caminhando para um término, **175**
O parceiro emocionalmente carente, **176**
O parceiro que remói, **177**
Evite o grande erro, **178**
Não tente mudar seu parceiro, **178**
Quatro passos para o companheirismo harmonioso, **179**

CAPÍTULO 13: Divirta-se mais, **180**

Qual é sua ideia de diversão?, **181**
Grave sua ideia de diversão no subconsciente, **182**
Torne atividades sem graça mais divertidas, **183**
Encha sua mente de sorrisos e risadas, **185**

CAPÍTULO 14: Viaje pelo mundo, **187**

Escolha um destino, **188**
Ponha sua mente no jogo, **190**
Explore sua cidade e seu país, **192**

CAPÍTULO 15: Saia-se muito bem não só na escola, **194**

Eles diziam que eu não ia servir para nada, **195**
Motive-se para ter sucesso na escola, **196**
O que você quer aprender em seguida?, **197**
Confie em seu subconsciente para guiá-lo, **198**
Familiarize-se com as coisas, **199**
Durma e aprenda, **200**
Cuide da saúde e de seu cérebro, **200**

CAPÍTULO 16: Faça do mundo um lugar melhor, **203**

Procure problema, **204**
Acione sua imaginação, **205**

Seja voluntário em uma causa, **206**
Medite, **207**
Seja generoso e compassivo, **209**

CAPÍTULO 17: Desenvolva seus poderes psíquicos, **210**

Reconhecendo diferentes poderes psíquicos, **211**
Você é sensitivo, **213**
Ela pressentiu o perigo, **214**
O médico visitava pacientes através de projeção astral, **215**
Tudo de que ele precisava cruzou seu caminho, **216**
Um oficial do Exército escuta a voz do irmão: "Você será salvo", **217**
Uma experiência fora do corpo, **219**
Vivencie destemidamente este universo incrível, **219**

PRÓXIMOS PASSOS, 221

Prefácio
COMO ESTE LIVRO VAI TRANSFORMAR SUA VIDA

PESSOAS COM DIFERENTES TRAJETÓRIAS PODEM TER saúde, riqueza, felicidade e realização. Você também vai poder fazer isso quando começar a utilizar o poder do seu subconsciente. Como este livro revela, a mente e as imagens mentais definem a realidade. Como você pensa, logo existe. Este livro vai guiá-lo ao longo do processo de assumir o controle de seus pensamentos conscientes e subconscientes, empoderando você a criar uma realidade de saúde perfeita, riqueza, felicidade e realização.

Por que a vida parece injusta?

Por que uma pessoa é triste e outra é feliz? Por que uma pessoa é alegre e próspera e outra é infeliz e malsucedida? Por que uma pessoa é temerosa e ansiosa e outra é cheia de fé e confiança? Por que uma pessoa tem uma casa bonita e luxuosa enquanto outra está em situação de rua? Por que algumas pessoas alcançam o sucesso e outras fracassam? Por que um professor se destaca e é imensamente popular e outro é medíocre e impopular? Por que uma pessoa é um gênio enquanto outras nunca têm ideias criativas ou inteligentes por mais que se esforcem? Por que alguns se curam de uma doença grave e outros não? Por que tantas pessoas boas e generosas sofrem enquanto muitas pessoas egoístas e imorais se dão bem e prosperam? Por que uma pessoa é feliz em um relacionamento romântico enquanto outra é infeliz e frustrada? Será que existem respostas para essas perguntas no funcionamento de seu consciente e subconsciente? Com certeza há.

Perguntas como essas motivaram a escrita deste livro. O autor, Dr. Joseph Murphy, fez as mesmas perguntas, e todas se resumem a uma única questão: Por que a vida parece tão injusta?

Para responder a essa pergunta, ele estudou indivíduos ao longo da história, de tempos antigos aos contemporâneos, e se debruçou sobre a sabedoria que atravessa as épocas. A resposta que ele encontrou era simples: as pessoas mais felizes, mais saudáveis e mais bem-sucedidas na vida eram aquelas que descobriram como usar o poder do subconsciente delas a seu favor. Tinham um forte desejo por algo, passavam a ideia para o subconsciente com plena convicção de que seus desejos seriam atendidos e, então, o subconsciente apresentava a solução. Sim, é simples *assim*.

Este livro revela as grandes verdades fundamentais sobre a mente humana em linguagem simples e direta. E apresenta técnicas práticas para envolver seu consciente e subconsciente na busca de saúde, riqueza, felicidade e realização. Conforme você incorporar em sua vida o que aprender neste livro, vai descobrir um poder avassalador tanto fora quanto dentro de você capaz de solucionar suas dificuldades e tirá-lo da confusão, tristeza e decepção. Isso vai libertá-lo de aflições emocionais e físicas e conduzi-lo ao caminho da liberdade, da alegria e da paz de espírito.

O poder do subconsciente vai substituir a escassez pela fartura, a doença pela saúde e a tristeza pela alegria. Vai abrir as portas da prisão do medo e da dúvida para um futuro com infinitas oportunidades.

Todo mundo fala com uma consciência maior

Ao longo do dia, você fala com uma consciência maior. Nós todos falamos. Em uma manhã fria de inverno, ao andar até seu carro, você talvez pense: "Tomara que ele funcione hoje!" Quando estiver treinando para uma competição esportiva, pode pensar em atingir seu melhor desempenho ou em derrotar seus adversários. Quando estiver fazendo uma prova, sentado à mesa, pode estar confiante de que vai gabaritar ou se preocupar porque não se preparou como deveria.

Para onde vão todos esses pensamentos? Eles não simplesmente passam pela sua mente. Eles entram na consciência maior, a consciência coletiva e universal que permeia tudo e dá forma a toda energia e matéria.

Se seus pensamentos são pacíficos, saudáveis e positivos, você vai ser recompensado com saúde, prosperidade e felicidade. Da mesma forma, se seus pensamentos são sombrios e caóticos, cheios de medo e preocupação, eles vão se refletir na sua realidade. O propósito deste livro é encorajar e empoderar você para se comunicar com a consciência maior de forma ordenada, por meio de pensamentos com propósito em vez dos pensamentos aleatórios e negativos que afligem muitos de nós.

Você sabe como se comunicar com eficácia com a consciência maior? Pessoas religiosas podem rezar para um ser superior. *Coaches* muitas vezes recomendam repetir afirmações diárias. Algumas pessoas simplesmente se comprometem a pensar de forma positiva e evitar qualquer negatividade em suas vidas. Até certo ponto, essas abordagens são todas eficazes para se comunicar com a consciência maior, mas o segredo é ter a disposição mental correta. Apenas esperar que alguma coisa boa aconteça ou repetir uma prece sem pensar ou sem convicção não vai gerar os resultados desejados.

Psicólogo e ministro do Novo Pensamento, Joseph Murphy estudou as diversas abordagens à oração e à comunicação com a consciência maior. Ele então desenvolveu sua própria prática, que envolve tanto o consciente quanto o subconsciente. Praticou essa abordagem durante toda a vida para beneficiar a si mesmo e aos outros. Curou doenças, ajudou a reatar relacionamentos desfeitos, guiou pessoas a alcançar a prosperidade e até a desenvolver os próprios poderes psíquicos, inclusive telepatia (se comunicar com outra pessoa apenas pelo pensamento), clarividência (ver o futuro) e projeção astral (visitar um lugar sem se deslocar até ele). A abordagem do Dr. Murphy para se comunicar com a consciência cósmica é uma fórmula simples e fácil de seguir e repetir, que entrega resultados consistentes.

Uma abordagem prática

Uma característica única deste livro é sua praticidade e simplicidade. Aqui você é apresentado a regras e fórmulas que poderá aplicar ao seu cotidiano. Esses processos simples foram ensinados a pessoas por todo o mundo. Parte da natureza prática é o fato de que você será apresentado a não apenas como conseguir o que quer, mas também por que você às vezes acaba obtendo o contrário do desejado.

As pessoas costumam perguntar: "Por que rezei, rezei e não fui atendido? Por que minhas afirmações não estão funcionando?" Neste livro você vai encontrar as razões para essa reclamação comum.

Oração, afirmação e pensamento positivo não bastam. O ingrediente que falta é a confiança (certeza). Qualquer dúvida, preocupação ou medo não só enfraquece sua decisão e determinação, mas também envia uma mensagem confusa à consciência maior, de que você não tem certeza do que quer.

A consciência maior é a inteligência infinita que permeia tudo. É a matriz (estrutura) que dá forma à energia e à matéria. Clareza e certeza de pensamento são o que permite alguém formar a própria realidade por meio do poder do subconsciente.

A lei da vida é a lei da certeza. Quando você pensa, sente e tem certeza, o mesmo acontece com sua mente, seu corpo e suas circunstâncias. Uma técnica, uma metodologia com base na compreensão do que você está fazendo e por que está fazendo vai empoderá-lo a produzir, no nível do subconsciente, a incorporação de todas as coisas boas da vida. Basicamente, a comunicação eficaz com a consciência maior é a chave para destravar a realização dos desejos de seu coração.

Desejo é pensamento afirmativo

Todo mundo quer saúde, felicidade, segurança, paz de espírito, aceitação e amor, mas muitos não conseguem obter resultados bem definidos. Um professor universitário admitiu: "Sei que, se eu mudasse minha mentalidade e redirecionasse minha vida emocional, minhas dores de cabeça iam terminar, mas não tenho nenhuma técnica nem processo para usar. Minha mente vagueia entre meus muitos problemas, e eu me sinto frustrado, derrotado e infeliz."

Esse professor desejava uma saúde perfeita, mas não tinha um método claro e simples para controlar seus pensamentos. Ao praticar os métodos de cura apresentados neste livro, ele treinou sua mente a aceitar a saúde perfeita, e suas dores de cabeça acabaram.

Libere seu incrível potencial humano

O poder do seu subconsciente e da consciência cósmica está enraizado na ciência, não na religião. Você não precisa adotar nenhuma religião, filosofia ou crença. As leis físicas e espirituais sobre as quais esses poderes estão baseados são eternas e universais. Elas existiam muito antes de você nascer, antes das religiões surgirem, antes que o mundo existisse. Elas não exigem nenhuma habilidade especial. O poder é ilimitado e disponível a qualquer um que desejá-lo.

Este incrível poder transformador vai livrá-lo de feridas mentais e físicas, eliminar medos e libertá-lo totalmente das limitações da pobreza, da decepção e da frustração. Tudo o que você precisa fazer é se unir mental e emocionalmente com a realidade que vislumbra para si mesmo, e os poderes criativos do seu subconsciente vão responder. Comece agora, hoje, e deixe que maravilhas aconteçam em sua vida.

INTRODUÇÃO

E SE EU DISSESSE QUE VOCÊ pode ser, fazer e ter praticamente tudo o que deseja? Você pode ser o que quiser, fazer e ter o que quiser e viajar instantaneamente, com a velocidade do pensamento, para qualquer destino em qualquer lugar do universo. E se eu dissesse que você tem poderes psíquicos e o poder de fazer coisas que outros considerariam milagres?

Provavelmente acharia que estou louco. Talvez que eu seja um fanático religioso.

Mas o fato é que, graças ao poder do seu subconsciente, você pode ser, fazer e ter praticamente tudo o que quiser e ter a ousadia para reivindicar isso. Você pode curar a si mesmo e os outros. Pode se comunicar por telepatia com outras pessoas em qualquer lugar do mundo. Pode ver o futuro. Pode fazer milagres.

Seria incrível, não seria?

Pessoas ao longo da história fizeram isso, e você também pode fazer. Na verdade, você deve conhecer pessoas assim, extremamente bem-sucedidas que parecem realizar tudo o que decidem fazer e conseguir tudo que querem. E elas fazem parecer fácil. Você se pergunta como conseguem. Se perguntasse a elas, é possível que não encontrassem uma resposta, que talvez não saibam. Elas simplesmente sempre esperam o melhor, e é isso o que conseguem.

Na outra extremidade do espectro estão os infelizes que fracassam em quase tudo e quase nunca, se tanto, conseguem o que querem. Acreditam que são "vítimas das circunstâncias" e nunca "têm uma chance". Estão sempre no lugar errado e na hora errada. A vida é sempre uma luta. Eles passaram a aceitar e até esperar o pior, e é isso o que conseguem. "As coisas são assim", certo?

Não é totalmente culpa deles. Nós todos fomos doutrinados — tivemos crenças (algumas verdadeiras, outras não), valores (alguns bons, alguns ruins) e até desejos (o que queremos na vida) arraigados em nós —, ensinados e modelados por outras pessoas e influenciados pelos meios de comunicação (jornais, revistas, filmes, programas de TV, anúncios, redes sociais e por aí vai).

Em larga escala, somos produto da cultura na qual fomos criados e, desde o dia em que nascemos, somos bombardeados com pensamentos negativos e limitantes (ideias que nos impedem de crescer). Para descobrir o quanto você foi programado a pensar negativamente, leia as afirmações abaixo e veja quantas delas já disse em voz alta ou repetiu em sua mente:

- O dinheiro é a raiz de todos os males.
- Os ricos ficam cada vez mais ricos, e os pobres, cada vez mais pobres.
- Não posso me dar ao luxo.
- Não sou _____ o bastante para _____.

- Sou muito _____ para _____.
- Não importa o que você sabe, mas quem você conhece.
- De que adianta?
- Eu não consigo.
- As coisas estão ficando cada vez piores.
- É só um sonho impossível. Nunca vai se realizar.
- Não se pode confiar em ninguém.
- Não tenho nenhuma chance.
- Não adianta tentar.
- As pessoas boas se dão mal.
- Nada que valha a pena vem fácil.
- Não posso fazer nada em relação a isso.
- Nada nunca acontece como eu quero.
- A vida é uma droga, e depois você morre.
- As coisas são como são.
- Tanto faz...

Se você já pensou ou disse algumas dessas afirmações na lista, provavelmente está sendo reprimido por pensamentos limitantes ou derrotistas que foram programados em você desde que nasceu. Pior ainda, eles podem ter criado raízes mais profundas através de experiências e observações. Por exemplo, se você tentou e não conseguiu alcançar determinado objetivo várias vezes no passado, talvez veja isso como prova de que "as cartas estão contra você", que as circunstâncias o impediram de conseguir o que queria.

É hora de inverter esse pensamento e assumir o controle de sua vida. Não são as circunstâncias que formam seus pensamentos, mas sim os pensamentos que criam as circunstâncias. Graças ao poder do seu subconsciente, que você pode comandar por meio de seus pensamentos conscientes, você pode criar sua própria realidade, uma realidade bonita e ilimitada.

Desejos conscientes transmitidos ao subconsciente com convicção ou intenção suficientes são executados por ele. Por exemplo, em um nível muito básico, seu consciente emite um comando para atravessar a sala, e seu subconsciente movimenta seus membros de acordo com isso sem nenhum esforço consciente de sua parte. Em um nível mais elevado, se o consciente deseja algo com a intensidade necessária para transferir esse desejo para o subconsciente, a mente subconsciente vai encontrar um jeito de fazer isso acontecer. Ela vai atrair toda a energia, determinação, pessoas, dinheiro e outros recursos necessários.

O mesmo conceito se aplica a pensamentos negativos. Se você foi levado a acreditar que nunca vai conquistar nada, e esse pensamento chega ao subconsciente, então sua mente subconsciente vai encontrar maneiras de sabotar seu sucesso. Parafraseando Henry Ford, se você acredita que pode ou que não pode, você está certo. Se duvidar de sua capacidade, vai ser impossível alcançar o sucesso. A aceitação subconsciente do fracasso vai minar seus esforços.

Sua mente, seus pensamentos, comportamentos e escolhas são as chaves para sua liberdade e para que você supere qualquer obstáculo em seu caminho. Seu subconsciente está conectado à consciência universal, coletiva, que permeia tudo, toda energia e matéria, todas as coisas, todos os seres. Como resultado, tudo o que você pensa ou deseja com convicção ou intenção forte o bastante, seu subconsciente, por meio da consciência universal, manifesta no mundo físico.

Este livro revela o poder do subconsciente e apresenta um programa prático que vai lhe ensinar como pensar de determinada maneira para conseguir o que quer da vida. Você vai descobrir como pode ser, fazer ou ter tudo o que você for ousado o bastante para reivindicar. Vai desenvolver uma atitude mental positiva e determinada junto com técnicas que o capacitam a usar sua mente consciente para plantar pensamentos no solo fértil de sua mente subconsciente, como as sementes de uma colheita abundante.

Com o tempo, conforme experimentar níveis cada vez mais altos de sucesso, suas dúvidas e seus medos vão desaparecer, e você vai emergir como uma versão mais confiante e criativa de si mesmo — a verdadeira versão de si mesmo, aquela de antes de sua mente ter aceitado os populares e equivocados conceitos de escassez e limitação. Qualquer ideia ou crença que seja dominante em seu subconsciente toma controle de seus pensamentos e comportamentos, que são responsáveis pelas circunstâncias que você encontra.

Este livro vai transformar sua mentalidade. O dia inteiro e todo dia você vai reivindicar a abundância que merece, esperar o melhor de si mesmo e dos outros e aguardar com grata expectativa um futuro incrível e sem limites. Aos poucos, seu subconsciente vai se alinhar com essa mentalidade nova e positiva e empoderá-lo para vivenciar a alegria, a empolgação e a realização de seus sonhos.

No momento em que você muda seu consciente e começa a reivindicar as boas coisas da vida — saúde, riqueza, relacionamentos amorosos e mais —, seu subconsciente entra em ação, tornando isso uma realidade. Quando assume o controle de seus pensamentos, sentimentos, comportamentos e escolhas, você se une à consciência universal, que traz todas as coisas para a existência. Quando dominar as habilidades práticas e técnicas apresentadas neste livro, você vai começar a sentir a verdadeira liberdade. Não vai mais se sentir uma vítima das circunstâncias ao se tornar o criador e o diretor de sua vida.

Nada neste livro é segredo ou novidade. As verdades que ele revela são universais e atemporais, e as técnicas têm sido colocadas em prática ao longo da história da humanidade. Muitos dos indivíduos mais bem-sucedidos e renomados da história utilizaram o poder da consciência universal para abastecer suas realizações — líderes religiosos, místicos, escritores, artistas, músicos, inventores, arquitetos e até astros do esporte. Qualquer um que esteve "na zona" e que agiu livre de dúvidas, medos ou limitações para desempenhar um feito incrível ou criar ou construir algo notável se beneficiou do poder de sua mente subconsciente.

Agora é a sua vez. Neste livro, você vai aprender a:

- Usar seu consciente para programar seu subconsciente a fim de obter ou realizar o que você deseja.
- Superar o medo, a dúvida e a preocupação.
- Transformar pensamentos negativos em seus equivalentes positivos.
- Ter relacionamentos pacíficos, amorosos e produtivos.
- Usar a mente para curar o corpo e atingir seus objetivos de forma física.
- Atingir todo o seu potencial.
- Aproveitar a vida mais plenamente.
- Tornar-se sensível a suas habilidades psíquicas e começar a desenvolvê-las.

Ler este livro vai motivá-lo e ensiná-lo a mudar sua vida para melhor, mas não vai, e não pode, alcançar os objetivos a menos que você ponha esta orientação em prática hoje, amanhã e todos os dias de agora em diante. De certa maneira, é fácil: mude sua cabeça, mude sua vida. No entanto, mudar pensamentos e padrões de comportamento profundamente arraigados exige tempo, esforço e persistência. Tenha certeza de que os benefícios são muito maiores do que o investimento. Sua vida será totalmente transformada, e você vai viver uma abundância que provavelmente sequer pode imaginar agora.

Lembre-se de que tudo o que seu subconsciente aceita como verdade tem um impacto no mundo físico. Uma mentalidade positiva cria energia positiva, o que atrai pessoas positivas e garante resultados positivos. Uma mentalidade negativa condena você a uma vida de escassez, frustração e decepção. Você é o mestre do seu destino. Você tem o poder tanto de pensar por si mesmo quanto de escolher. Escolha a vida! Escolha o amor! Escolha a saúde! Escolha a felicidade!

SOBRE ESTE LIVRO

ESTA OBRA É BASEADA NOS ENSINAMENTOS do Dr. Joseph Murphy tal como foram apresentados em seu best-seller *O poder do subconsciente*, publicado pela primeira vez em 1963. Na verdade, grande parte do conteúdo deste livro vem diretamente desta obra clássica de Murphy. O texto foi atualizado para dar a ele um ar mais moderno, e foi um pouco modificado a fim de torná-lo mais atraente para o púbico jovem. Também foram incluídos exercícios práticos ao longo do livro para proporcionar uma aprendizagem mais interativa e simplificar o processo de aplicação dos ensinamentos de Murphy.

A sabedoria e a orientação de Murphy são tão relevantes agora quanto eram sessenta anos atrás. Cada vez mais pessoas estão percebendo que são as autoras da própria realidade e que todas as suas realizações e conquistas começam com um pensamento, que seu poder para mudar suas vidas começa com o poder de mudar suas mentes. A ciência está acrescentando a nosso entendimento à medida que pesquisadores revelam mais sobre as conexões entre o universo físico e o metafísico, entre o natural e o sobrenatural e entre a mente e o corpo.

Nós criamos este livro para levar os ensinamentos do Dr. Murphy a uma geração mais jovem de leitores, um público que talvez seja mais receptivo a suas ideias e no qual essas ideias, quando postas em prática, podem ter um impacto transformador maior.

Quando sua família e seus professores aconselham você a acreditar em si mesmo, quando dizem que você pode conquistar qualquer coisa que idealizar, eles estão certos. Entretanto, muitas vezes não conseguem explicar como isso é possível e, mais importante, como botar os conselhos em prática. Este livro dá a você as chaves para destrancar esses mistérios.

Capítulo 1
CONSCIÊNCIA: A CHAVE PARA O PODER ILIMITADO

O universo parece menos com uma grande máquina e mais com um grande pensamento.
— Dean Radin, cientista-chefe do Instituto de Ciências Noéticas

PARA COMEÇAR A ENTENDER E VALORIZAR o poder do seu subconsciente, é preciso elucidar o que é *consciência*, *subconsciência* e *mente*. Cada uma dessas palavras tem múltiplas definições nos dicionários junto com inúmeras definições funcionais (significados específicos do contexto no qual são usadas).

Neste capítulo, você vai explorar os diferentes significados dessas palavras e os conceitos que elas descrevem, para então começar a entender e valorizar sua habilidade em usar sua mente para beber do poder ilimitado do universo.

O que é a consciência?

A maioria dos dicionários define *consciência* como sinônimo de *percepção*. Veja algumas definições do dicionário *Webster's Collegiate*:

- Qualidade ou estado de estar consciente, especialmente de algo dentro de si mesmo.
- O estado de ser caracterizado por sensação, emoção, vontade e pensamento.
- A totalidade dos estados conscientes de um indivíduo.
- O estado normal da vida consciente.
- O nível superior da vida mental do qual a pessoa tem consciência, em contraste com processos inconscientes.

Essas descrições tendem para o que poderia ser descrito como consciência individual, ou autoconsciência, um conhecimento da própria existência. É o oposto de inconsciência — não ter conhecimento da própria existência.

Este livro tem uma definição muito mais ampla de *consciência* do que as oferecidas pelos dicionários: consciência é a inteligência singular que permeia tudo.

Isso expande a definição de consciência de duas maneiras:

- Primeiro, essa definição mais ampla de consciência a coloca dentro e além do indivíduo. Ela existe se você estiver consciente ou não, se você ou qualquer coisa existir ou não. A mente humana tem a faculdade de experimentar a consciência, mas a consciência não está confinada ao corpo ou ao cérebro humano. Ela transcende e se estende além do indivíduo. Consciência é a inteligência responsável pela criação.
- Segundo, consciência é conhecimento não apenas de forma passiva e observadora, mas também de um jeito ativo e participativo. Por exemplo, quando você quer alguma coisa, ama alguém ou imagina algo, sua consciência está ativamente envolvida.

> Mesmo se você não agir fisicamente após seu pensamento ou emoção, sua intenção se torna parte da consciência e, portanto, se torna parte da inteligência responsável pela criação.

Pense na consciência como a Força de *Star Wars*, a energia misteriosa que mantém a galáxia unida. Em *Star Wars*, os Jedis e outros que conseguem controlar a Força têm habilidades especiais como telepatia, levitação e projeção astral. Eles também recebem orientação da Força. Por meio da intenção consciente, nós também podemos dirigir a Força e abrir nossas mentes para sua inteligência e sabedoria infinitas. Não temos apenas consciência do mundo físico, mas também o poder para moldá-lo.

Experimentos de consciência

A ideia de que temos o poder, através da intenção consciente, de dar forma ao mundo físico e ao que acontece nesse mundo foi posta em teste. Cientistas e engenheiros realizaram diversos experimentos e estudos para examinar o impacto da consciência no mundo físico.

No final dos anos 1970, o professor da Universidade Princeton Robert Jahn colocou participantes de um estudo perto de um gerador aleatório de números e os instruiu a tentar influenciar a frequência de um certo número com suas mentes. O dispositivo gerava zeros e uns em números praticamente iguais, como jogar uma moeda em um cara ou coroa. Normalmente, com o tempo o dispositivo geraria um número quase igual de zeros e uns. Entretanto, durante o estudo, na maior parte dos casos, os participantes conseguiram usar o poder de suas mentes para aumentar a frequência do número em que se concentraram. Em outras palavras, apenas pela intenção consciente, participantes puderam influenciar o resultado de um dispositivo eletrônico.

Baseado no trabalho do dr. Jahn, outro professor de Princeton, Roger Nelson, conectou quarenta geradores de números aleatórios de todo o mundo a seu laboratório em Princeton. Normalmente, quando os resultados dos geradores de números aleatórios eram tabulados e transformados em gráficos, eles formavam uma linha plana que indicava um número quase igual de zeros e uns. Entretanto, desvios significativos da norma esperada foram observados antes e depois de muitos acontecimentos mundiais dramáticos, inclusive o funeral da princesa Diana e os ataques do 11 de Setembro.

Sendo assim, o que quer que as pessoas estivessem pensando e sentindo antes, durante e logo depois desses eventos produziu energia suficiente para influenciar os resultados desses geradores de números aleatórios. O Projeto da Consciência Global coleta e examina dados de mais de setenta geradores de números aleatórios ao redor do mundo. Para saber mais sobre esse projeto fascinante, visite noosphere.princeton.edu.*

Em um experimento realizado pelo Laboratório de Pesquisa de Anomalias na Engenharia de Princeton (PEAR na sigla em inglês), cientistas construíram uma sala escura com uma lâmpada de cultivo posicionada no centro do teto. A luz era controlada por um gerador de números aleatórios que podia mudar sua direção para iluminar diferentes quadrantes da sala. Eles puseram uma planta em um canto distante. Em geral, sem a planta, a luz era distribuída igualmente em torno dos quatro quadrantes da sala. Com a planta em um canto da sala, uma quantidade significativamente superior de luz brilhava nessa direção.

Ao descrever os resultados do experimento, Adam Michael Curry, uma liderança da comunidade de pesquisadores da consciência, explicou: "É como se a própria vida, até mesmo vida e consciência em algo

---

* Todo o conteúdo do site está em inglês. (N.E.)

tão simples quanto uma planta, distorcesse as probabilidades no mundo físico na direção necessária, na direção de seu crescimento e evolução."

O pesquisador japonês Masaru Emoto realizou experimentos para estudar o impacto da consciência humana na estrutura cristalina da água. Quando a água era exposta a pensamentos e emoções positivos e organizados, ela formava belos cristais intricados quando congelada. Quando a mesma água era exposta a pensamentos e emoções negativos e caóticos, os cristais congelados ficavam quebrados, disformes e sem cor.

Em outro estudo, grupos de praticantes de meditação treinados, equivalentes em número a 1% da população, foram enviados para comunidades para períodos de meditação profunda. Por exemplo, dois mil praticantes seriam enviados para uma cidade de duzentos mil habitantes. Com o acréscimo de meditadores treinados, essas comunidades reduziram consistentemente o número de visitas ao pronto-socorro, de crimes violentos, roubos e todo tipo de comportamento negativo, embora 99% da população não soubesse do 1% envolvido em meditação.

Os resultados desses experimentos e estudos sugerem que a consciência é difundida e que ela tem o poder de influenciar o mundo físico. Como Curry disse: "A consciência não parece ser produzida apenas no cérebro. Ela envolve o cérebro, mas tem algo muito mais profundo acontecendo. A consciência pode não estar localizada em nossos corpos, mas pode ser uma característica fundamental do mundo físico em que vivemos."

O físico David Bohm concorda: "Nesse fluxo, mente e matéria não são substâncias separadas. Em vez disso, são aspectos diferentes de um movimento inteiro e ininterrupto."

Curry conclui: "A Força existe."

O que é a subconsciência?

Subconsciência costuma ser definida como qualquer processo mental livre de consciência ou intenção. Sua mente subconsciente permanece bastante ativa diariamente, 24 horas por dia, e é responsável por manter você vivo e saudável neste mundo físico. Ela controla todos os seus sistemas vitais: respiração, circulação, digestão, imunidade e assim por diante. Controla o crescimento e a reprodução. Repara e restaura o corpo depois de ferimentos ou doenças. Também funciona como a biblioteca de sua mente, armazenando tudo o que você já aprendeu, percebeu e vivenciou.

Neste livro, os termos *consciente* e *subconsciente* são usados basicamente para distinguir entre mentes e processos conscientes e subconscientes:

- O consciente controla todo o movimento corporal intencional e está relacionado ao pensamento organizado, lógico e intencional.

- O subconsciente controla todas as funções autônomas do corpo e está relacionado ao pensamento criativo e intuitivo.

O que dá tanto poder ao subconsciente é que ele funciona como o portal de entrada da consciência universal. Qualquer pensamento, convicção ou intenção que existe em seu consciente é comunicado através da consciência universal. Lembre-se: a consciência é um todo unificado. E seu subconsciente é parte dela. Da mesma forma que qualquer pensamento em seu cérebro é comunicado instantaneamente através de suas redes neurais, o mesmo ocorre com qualquer pensamento ou sensação em sua mente subconsciente comunicado por meio da consciência universal:

- Você já sentiu que alguém o estava observando, embora não houvesse a menor possibilidade de ver quem era, mesmo em sua visão periférica? Se já, seu subconsciente percebeu a energia subconsciente dessa pessoa.

- Você já sentiu a alegria ou o sofrimento de alguém que ama sem estar perto dele, em um lugar onde poderia perceber sinais físicos dessas emoções? Se já, você sentiu a energia psíquica dessa pessoa. Ela teve um impacto em seu subconsciente.

- Alguma vez um amigo ou familiar mencionou algo em que você estava pensando naquele exato momento? Se isso já aconteceu, foi uma conexão psíquica. Suas mentes se comunicaram em um nível subconsciente por meio da consciência universal.

Às vezes podemos sentir a energia psíquica de uma pessoa quando ela entra em um cômodo. Temos até expressões para descrever o fenômeno. Dizemos algo como: "Nossa, sempre que Kyle chega parece que o tempo fecha." Ou comentamos que alguém tem uma vibração positiva ou negativa ou um temperamento intempestivo. Os mais mundanos entre nós podem explicar as sensações que temos perto de certos indivíduos como nossa resposta emocional à comunicação não verbal deles, como sua postura ou expressão facial. Enquanto isso é seguramente parte de como nos comunicamos, não explica como podemos sentir a energia de uma pessoa ou saber o que ela está pensando quando não estamos nem no mesmo lugar que ela.

Estamos conectados uns aos outros e a todas as outras coisas do universo através dos nossos subconscientes. Essa conexão é o que dá ao subconsciente o poder para obter a energia e os recursos de que precisamos e guiá-los de um jeito que manifeste nossos desejos subconscientes no mundo físico.

O que é a mente?

O termo *mente* é difícil de definir. Muitas pessoas pensam na mente como qualquer coisa que o cérebro faz: gravar percepções sensoriais, armazenar e resgatar informação, responder a estímulos, se envolver em processos de pensamento lógico, sonhar, imaginar, coordenar movimento corporal, monitorar e controlar funções corporais e assim por diante. Dicionários refletem esse pensamento. Eles definem a mente como:

- Reminiscência, memória.
- O elemento ou complexo de elementos em um indivíduo que sente, percebe, pensa, deseja e raciocina.
- Intenção, desejo.

Em geral, distinguimos o corpo da mente. O corpo (incluindo o cérebro) é físico. A mente não é física. Você pode pensar na diferença entre corpo e mente como a diferença entre um dispositivo digital e seu software; por exemplo, entre seu smartphone (hardware) e seu sistema operacional, aplicativos e dados (software). Seu corpo e seu cérebro são físicos (hardware), enquanto seus pensamentos, sentimentos e memórias são mentais (software).

Entretanto, neste livro, apresentamos uma visão mais ampla da mente: *Mente é a faculdade de perceber, gravar, pensar, imaginar e dirigir.*

A mente não é um objeto físico. Ela não pode ser percebida por nenhum dos cinco sentidos — visão, audição, paladar, olfato e tato. Mesmo assim nós sabemos que ela existe. Nós a percebemos através de nossa autoconsciência, de nossa autopercepção. Ela não é parte do corpo, mas sim do indivíduo — a parte mais característica dele.

Em algumas crenças, o corpo é comparado com uma hospedaria, em que a mente é o hóspede. Quando o corpo morre, a mente permanece intacta — ela preserva algum nível de identidade na consciência universal. Há evidências dessa crença. Algumas pessoas têm lembranças vívidas de vidas passadas. Entretanto, essa crença é controversa, e talvez nunca saibamos se ela é verdadeira.

O que é verdade é que sua mente é a chave de sua liberdade. É a fonte de seu poder para controlar sua vida. Você pode não ser capaz de controlar o que outras pessoas pensam ou fazem (embora você provavelmente tenha alguma influência), mas você tem controle total de seus próprios pensamentos e comportamentos. Você escolhe o que pensar e como agir.

Consciente x subconsciente

Seu consciente às vezes é chamado de *mente objetiva* porque ele lida com objetos externos. A mente objetiva tem consciência do mundo objetivo. Seus meios de observação são seus cinco sentidos físicos. A mente objetiva está encarregada de ajudá-lo a navegar pelo ambiente físico. Você reúne dados através dos cinco sentidos, por meio de observação, experiência e educação. Ao fazer um passeio para visitar o Grand Canyon, no Arizona, você aprende sobre ele por meio de seus cinco sentidos. Você observa sua profundidade incrível, suas fascinantes formações rochosas, as cores fortes dos diferentes estratos geológicos.

Seu subconsciente costuma ser chamado de *mente subjetiva*. Ela tem consciência do ambiente, mas não por meio dos sentidos físicos. A mente subjetiva percebe por intuição. É o centro de controle de suas emoções e o armazém de todas as suas lembranças. A mente subjetiva desempenha suas funções mais elevadas quando a mente objetiva está suspensa. É a inteligência que você experimenta quando a mente consciente e objetiva está desocupada ou em um estado sonolento, letárgico.

A mente subjetiva "vê" sem olhos e "ouve" sem ouvidos. Tem a capacidade da clarividência; ou seja, pode ver e ouvir eventos que você não percebe no mundo físico. Sua mente subjetiva pode deixar seu corpo, viajar para um lugar distante e resgatar informações como se você tivesse visitado esse lugar. Através da mente subjetiva, você pode ouvir os pensamentos de outras pessoas, ler o conteúdo de envelopes fechados e saber o que há em um pen-drive sem precisar de um computador para acessar o conteúdo dele.

Sua mente opera em dois níveis: consciente e subconsciente. Nenhum é melhor nem pior, nem mais fraco ou mais forte. Os dois trabalham em conjunto. Seu consciente emite ordens, e seu subconsciente, em união com a consciência universal, lhes obedece.

Capítulo 2
LIBERE O PODER DA SUA MENTE

Colha uma flor na Terra, e você moverá a estrela mais distante.
— Paul Dirac, físico

VOCÊ JÁ SOLUCIONOU UM PROBLEMA DIFÍCIL enquanto dormia? Provavelmente ficou pensando nele o dia inteiro, a semana inteira ou mesmo semanas seguidas. Então, certa manhã, acordou sabendo a solução. De onde ela veio? Sua mente consciente e racional não conseguiu resolver o problema, mas seu subconsciente, sabendo como era importante para você encontrar uma solução, resolveu o problema para você. E fez isso sem esforço.

Para se sintonizar melhor com o poder de sua mente subconsciente, responda às seguintes questões:

- Descreva uma ocasião em que você acordou sabendo a solução para um problema difícil que você tinha há bastante tempo.

- Descreva uma ocasião em que perdeu algo ou o guardou fora do lugar e soube onde encontrá-lo assim que parou de pensar conscientemente sobre isso.

- Já pensou em alguém próximo, e essa pessoa entrou em contato com você do nada? Conte como aconteceu.
- Você e alguém próximo parecem ter uma conexão psíquica? O que aconteceu para fazer você pensar isso?
- Já teve a sensação de que alguma coisa ruim ia acontecer e de fato aconteceu? Descreva esse episódio.
- Já teve uma sensação ruim em relação a algo que o convenceu a evitá-lo e descobriu depois que, se tivesse feito uma escolha diferente, teria se dado mal?
- Descreva uma atividade ou tarefa que você pode fazer sem nenhum esforço consciente.
- Alguém já entrou de maneira repentina em sua vida e foi perfeitamente apropriado para resolver um problema difícil ou ajudar você a conseguir algo de que realmente precisava ou queria? Descreva esse acontecimento.

Você já experimentou o poder do seu subconsciente sem praticar intencionalmente nenhum método e sem entender por completo como o consciente e o subconsciente trabalham juntos para dar forma a sua realidade. Neste capítulo, você vai descobrir como a mente funciona e como começar a liberar seu poder.

Como sua mente funciona

A mente é seu bem mais precioso. Ela está sempre com você, mas seus poderes mais incríveis só estarão em suas mãos quando você tiver aprendido a utilizá-la. Como explicado no Capítulo 1, a mente opera em dois modos: o consciente (racional) e o subconsciente (criativo). Você pensa com seu consciente, e aquilo que você pensa ou aceita como verdade penetra fundo em seu subconsciente, que por sua vez cria de acordo com a natureza de seus pensamentos. Se você pensa o bem, o bem virá; se você pensa o mal, o mal virá. Sua mente funciona desse jeito.

O ponto mais importante a ser lembrado é o seguinte: assim que seu subconsciente aceita uma ideia, ele começa a executá-la. Seja o pensamento positivo ou negativo, depois de absorvido, o subconsciente começa a concretizá-lo. Se você tem pensamentos negativos, seu subconsciente vai garantir fracasso, frustração e decepção. Se você tem pensamentos harmoniosos e construtivos, terá sucesso, prosperidade e realização.

O que quer que você declare mentalmente e sinta como verdade, seu subconsciente vai aceitar e levar para sua experiência. Tudo o que você precisa fazer é levar o subconsciente a adotar a ideia. Depois que isso acontece, a lei do seu subconsciente vai promover a saúde, paz e prosperidade que você deseja. Você dá a ordem ou decreto, e seu subconsciente vai reproduzir fielmente a ideia gravada nele.

Plantando sementes de pensamento

Já ouviu a expressão "Você colhe o que planta"? Isso significa que você literalmente vai colher a planta que cultivar. Se plantar sementes de maçã, vai ter maçãs. Se plantar sementes de cenoura, vai ter cenouras. No sentido figurado, isso significa que o que você faz agora determina as consequências que virão. Se, por exemplo, não estudar para uma prova, provavelmente vai se sair mal nela. Se tratar alguém mal, provavelmente vai sofrer as consequências disso, seja na forma de culpa ou retaliação (a vingança da pessoa ferida).

A mesma analogia é útil para entender como o consciente e o subconsciente trabalham juntos. Imagine que você está cuidando de um jardim em sua mente. O consciente é o jardineiro, o subconsciente é a terra, e os pensamentos e as emoções são as sementes. O que você pensa ou sente conscientemente é a semente que você está plantando no seu subconsciente. Supondo que seus pensamentos e emoções cheguem ao solo de sua mente, eles vão crescer e, por fim, resultar numa colheita farta, boa ou má.

Pensamentos voltados para saúde, sucesso, prosperidade e amor vão produzir uma colheita equivalente. Já pensamentos que envolvem doença, dor, pobreza, ódio, fracasso e decepção vão produzir experiências negativas. Você não pode plantar ervas e esperar colher uvas. Assim como não pode plantar pensamentos e emoções negativos no solo fértil do seu subconsciente e esperar resultados positivos em sua vida.

Comece agora a plantar pensamentos que envolvam saúde, paz, felicidade, ações corretas, boa vontade e prosperidade. Pense com calma e convicção nessas virtudes. Aceite-as totalmente em sua mente racional e consciente. Continue a plantar essas sementes maravilhosas de pensamento no jardim de sua mente e você vai obter uma colheita gloriosa.

Quando sua mente pensa corretamente, quando você se concentra em fatos e desafia opiniões, quando os pensamentos depositados em seu subconsciente são construtivos, harmoniosos e pacíficos, o poder do subconsciente vai responder. Ele vai gerar condições harmoniosas, um entorno agradável e o melhor de todas as coisas.

Ao começar a controlar os processos de pensamento, você se torna capaz de aplicar os poderes de seu subconsciente a qualquer problema ou dificuldade. Você vai cooperar conscientemente com o poder infinito e a lei onipotente que governam todas as coisas.

Comece agora. Crie duas listas: uma contendo dez pensamentos e emoções negativas comuns que você costuma ter e outra com dez pensamentos e emoções positivas e produtivas que você preferiria ter. Em seguida, faça um esforço consciente para se concentrar menos nos itens negativos e mais nos positivos.

Uma mente, duas funções

Lembre-se de que o consciente e o subconsciente não são duas mentes. Eles são duas funções diferentes de uma mente. A mente consciente é a racional. É aquela fase da mente que escolhe. Por exemplo, você escolhe seus amigos, os filmes que vê e a música que escuta. Todas as decisões são tomadas com o consciente. Por outro lado, sem que você faça uma escolha consciente, seu coração bate, você respira, digere o alimento que come e seu corpo se defende contra bactérias e vírus. Todas essas funções complexas são desempenhadas por sua mente subconsciente independentemente de seu controle consciente.

O subconsciente aceita o que é transmitido para ele ou o que você acredita conscientemente. Ele não filtra os dados que recebe, não raciocina, não chega a conclusões nem julga se algo é bom ou ruim, como faz o consciente. Ele responde de acordo com a natureza de seus pensamentos, emoções e imagens mentais. Por exemplo, se você supuser conscientemente que algo é verdadeiro, embora possa ser falso, o subconsciente vai aceitá-lo como verdade e providenciar resultados que devem necessariamente acontecer porque você presumiu que tal coisa é verdade.

Hipocondríacos, por exemplo, são altamente suscetíveis a qualquer menção de doença. Se ouvem que há um resfriado circulando, é praticamente certo que eles vão pegá-lo. Se leem sobre uma doença rara na internet, vão começar a sentir os sintomas. Em contraste, uma médica que acredita estar com a saúde perfeita vai cuidar de centenas de pacientes com doenças infecciosas ao longo de uma semana sem ficar doente.

A hipnose revela o subconsciente em ação

Psicólogos e outros estudiosos fizeram incontáveis experimentos em seres humanos para ilustrar a diferença entre o consciente (a mente analítica) e o subconsciente (a mente extremamente impressionável). A maneira como as pessoas respondem à hipnose deixa evidente que o subconsciente aceita sugestões sem questioná-las ou desafiá-las. O subconsciente vai aceitar qualquer sugestão, mesmo que falsa, e responder de acordo com ela.

A hipnose suspende a função de sua mente analítica e consciente, tornando-a incapaz de questionar o que estão dizendo a você. O hipnotizador então fica livre para plantar no subconsciente qualquer ideia ou emoção que deseje. Com uma mera sugestão, ele pode convencê-lo de que você está com uma coceira nas costas, que seu nariz está sangrando, que você é uma estátua de mármore ou que está congelando. E você vai responder à sugestão, ignorando qualquer realidade que possa contradizê-la.

A hipnose é uma ferramenta poderosa em geral usada de forma construtiva nas seguintes aplicações:

- Parar de fumar.
- Controlar o peso.
- Melhorar o desempenho (na escola, no trabalho, nos esportes).
- Aliviar a dor.
- Melhorar a memória.
- Reduzir o estresse.
- Superar fobias (como o medo de falar em público ou a ansiedade social).

Algumas pessoas podem se colocar em um estado de hipnose para acessar memórias e informações armazenadas na mente subconsciente e torná-la mais receptiva a sugestões.

O que você tentaria mudar em si mesmo se pudesse entrar em um estado hipnótico? Tentaria eliminar um mau hábito? Resgatar lembranças do passado? Melhorar suas notas? Superar seus medos?

Lembre-se de que seu subconsciente não é seletivo, ele é impessoal e aceita como verdadeiro tudo o que seu consciente acredita ser verdade. Daí a importância de selecionar pensamentos, ideias e premissas que curem, inspirem e encham você de alegria.

Seu subconsciente faz o que lhe dizem para fazer

Seu subconsciente é sábio. Ele sabe as respostas para todas as perguntas e a solução de todos os problemas. Entretanto, não questiona nem desafia o que lhe dizem. Não discute com você nem responde. Não apoia você. Não diz: "Pare de ser tão pessimista em relação a si mesmo" nem "Vai lá e arrasa!".

Ao dizer a si mesmo "Não consigo fazer isso", "Não sou inteligente o suficiente", "Não posso me dar ao luxo de fazer tal coisa", "A vida é uma droga" ou "Ninguém me ama", está plantando esses pensamentos negativos no seu subconsciente, e ele reage proporcionalmente. Como resultado, você está sabotando seu próprio bem. Está trazendo escassez, limitação e decepção para sua vida.

Ao estabelecer obstáculos, impedimentos e atrasos em seu consciente, você nega a inteligência e a sabedoria infinitas do seu subconsciente. Na verdade, você está dizendo que o subconsciente não pode resolver o problema. Isso leva a congestão mental e emocional seguida por fracasso e decepção.

Para empoderar o subconsciente a entregar todo o bem que você deseja e merece, faça essa afirmação, com coragem, várias vezes por dia:

> Meu subconsciente é meu portal para inteligência, poder e recursos infinitos. Eu planto as sementes de meus desejos no solo fértil do meu subconsciente, que vai produzir uma colheita abundante. Transbordo de felicidade e levo esse sentimento para todos que conheço.

Para que seu subconsciente resolva um problema para você, basta lhe fazer o pedido certo, que ele vai cooperar. O subconsciente funciona no piloto automático, mas ele confia em seus pensamentos e emoções para especificar o destino e desenvolver um plano de ação. Quando você solicita a solução de um problema, seu subconsciente vai entregá-la, mas você precisa confiar totalmente na habilidade dele de fazer isso. Qualquer dúvida ou incerteza vai minar seus esforços e diluir sua solicitação. Você vai girar suas rodas inutilmente — sua mente vai ficar ocupada e ansiosa, enquanto você faz nenhum ou pouco progresso.

Pare as rodas de sua mente. Relaxe. Ponha para fora. Afirme em silêncio:

Meu subconsciente sabe a resposta. Ele está resolvendo o problema agora mesmo. Sou grato pela solução perfeita dele.

Repita essa afirmação ao longo do dia, enquanto visualiza o problema resolvido. Visualize o quanto sua vida vai ser melhor quando essa dificuldade tiver desaparecido. Imagine o quanto você vai ficar aliviado e o que vai fazer quando não estiver mais desperdiçando energia e foco nesse problema.

Capítulo 3
DIGA A SEU SUBCONSCIENTE O QUE FAZER: AFIRMAÇÃO E OUTRAS TÉCNICAS

> *As pessoas dizem que criei coisas. Eu nunca criei nada. Eu obtenho impressões do universo em geral e as executo, mas sou apenas uma placa em uma gravação ou um aparelho receptor, como preferir. Pensamentos na verdade são impressões que obtemos do exterior.*
>
> — Thomas Edison, inventor

O SEGREDO PARA UTILIZAR O PODER do seu subconsciente é saber como plantar as sementes de pensamentos e emoções positivas em seu solo fértil. Não dá para simplesmente querer ou desejar algo e fazer isso aparecer. O desejo deve ser combinado com uma forte emoção positiva, como uma das seguintes:

- Apreço.
- Certeza.
- Confiança.
- Entusiasmo.

- Fé, crença.
- Gratidão.
- Alegria.
- Amor.
- Otimismo.
- Alívio.

Emoção positiva é a energia que leva seu desejo a um nível de vibração no seu subconsciente que ressoa com a consciência universal. Pense nela como a luz do sol que brilha sobre as sementes de pensamento que você planta no solo fértil do seu subconsciente.

Cuidado com as emoções negativas, que têm o efeito oposto, como estas:

- Raiva.
- Ansiedade, preocupação.
- Amargura.
- Decepção, desespero.
- Dúvida, incerteza.
- Inveja, ciúme.
- Medo.
- Ódio, ressentimento.

Emoções negativas atraem energia negativa. Se você teme a escassez, a fome ou a pobreza, por exemplo, o medo vai aumentar a vibração de seu subconsciente para todas essas condições e começar a torná-las sua realidade.

Concentre-se mais em cultivar emoções positivas em sua consciência do que em eliminar emoções negativas. Emoções positivas são como luz na escuridão: enquanto sua mente estiver cheia de luz, a escuridão das emoções negativas não pode existir. Se seu coração está cheio de amor, não há espaço para medo ou ódio. Se você está totalmente confiante em um resultado positivo, você não vai ter medo nem ansiedade em relação à possibilidade de um resultado negativo.

Várias técnicas podem ser usadas para plantar as sementes do desejo e do pensamento positivo no solo fértil do subconsciente. Este capítulo apresenta muitas das técnicas mais eficazes.

Autossugestão

O termo *autossugestão* significa sugerir algo definido e específico para si mesmo. Com autossugestão, você determina no consciente o que deseja que o subconsciente acredite.

A autossugestão é especialmente eficaz para se opor às afirmações negativas dos outros (heterossugestão) e falas negativas consigo mesmo. Sempre que você escutar ou começar a dizer para si algo negativo ou derrotista, substitua essas palavras por uma autossugestão positiva. Por exemplo, se vir uma coisa que quer e começar a pensar "Não posso me dar a esse luxo", diga algo positivo como "Eu sou muito rico" ou "Meu subconsciente é a chave para tudo o que quero", então imagine que você tem isso que deseja.

Para criar uma autossugestão positiva, siga estas orientações:

- **Pense em uma afirmação curta.** Tente limitá-la a apenas algumas palavras. Você vai repetir essa afirmação várias vezes ao longo do dia, então pense em uma frase fácil de memorizar e recitar.
- **Permaneça positivo.** Concentre-se na solução, não no problema ou desafio. Por exemplo, em vez de escrever "Não tenho mais

espinhas", escreva algo como "Minha pele está lisinha". Em vez de escrever "Eu não sou mais pobre", escreva algo como "Tenho todo o dinheiro de que preciso para correr atrás dos meus sonhos". Se você mencionar a acne ou a pobreza, está dando energia e foco para essas coisas. Concentre-se exclusivamente no que você deseja, não na condição negativa que você quer eliminar.

- **Permaneça no presente.** Formule uma frase no presente, não no passado nem no futuro. Por exemplo, em vez de escrever "Eu vou ser mais confiante", escreva algo como "Eu sou muito confiante".

- **Seja você mesmo.** Escolha suas palavras com naturalidade, como se estivesse escrevendo para um amigo (em vez de para seus pais ou um professor que você esteja tentando impressionar).

- **Visualize sua nova realidade.** Conecte sua afirmação a imagens mentais de como sua vida será e como você vai se sentir quando seu desejo se realizar. Como seus amigos e familiares vão reagir? O que você estará fazendo de forma diferente? As imagens mentais não vão ser parte da frase, mas vão ser lembradas sempre que você recitar a afirmação. Elas podem, na verdade, ser mais poderosas do que a própria afirmação.

Afirmação

Uma *afirmação* é uma frase que declara a verdade de alguma coisa. Sua efetividade depende principalmente de sua compreensão da verdade e do significado por trás das palavras. Por exemplo, se eu fosse dizer "Três mais três é igual a seis", você poderia responder que isso é verdade com base no princípio matemático da adição. Você pode afirmar que o corpo pode curar um osso quebrado corretamente recolocado na posição, porque o fato está de acordo com os princípios fisiológicos que governam o corpo humano.

Princípios existem; seus opostos, não. Há um princípio de saúde, mas não de doença, um princípio de harmonia, mas não de discórdia, um princípio de sabedoria, mas não de ignorância, um princípio de riqueza, mas não de pobreza, um princípio de luz, mas não de escuridão. Da mesma forma que a escuridão é a ausência de luz, a doença é a ausência de saúde, a pobreza é a ausência de riqueza, a discórdia é a ausência de harmonia, a ignorância é a ausência de sabedoria, o mal é a ausência do bem.

Com a afirmação, você reconhece o que existe. Quando você afirma riqueza, prosperidade e sabedoria, reconhece que essas coisas já existem. Tudo o que precisa fazer é se apropriar delas. Afirmar é declarar que uma coisa é como é, e enquanto você mantiver essa atitude mental — que o que você deseja já existe —, mesmo se houver qualquer evidência ao contrário, o que você afirmar se manifestará no mundo físico.

Ao elaborar afirmações, siga as mesmas orientações da seção anterior para compor autossugestões positivas. Entretanto, suas afirmações podem ser um pouco mais longas e mais detalhadas (tente limitar cada uma a cinquenta palavras, de modo que seja fácil de decorar e recitar). Quanto mais precisas e específicas forem as suas afirmações, mais poderosas elas serão. Ao afirmar saúde, prosperidade e felicidade para si ou para outra pessoa com confiança, ousadia e constância, você planta as sementes no subconsciente para uma colheita futura de todas essas qualidades e condições positivas.

Repetir uma afirmação com compreensão e convicção leva a mente a um estado de consciência em que ela aceita como um fato o que você diz ser verdade. Continue afirmando as verdades da vida até seu subconsciente reagir de acordo com elas.

A arte e a ciência da afirmação

O poder da afirmação tem base tanto na arte quanto na ciência. A arte é a técnica ou o processo em que você se envolve. A ciência consiste nos princípios que governam como o subconsciente responde a pensamentos e comandos conscientes.

A inteligência infinita do seu subconsciente sempre responde ao seu consciente. Tudo o que você quiser e pedir com sinceridade é seu. Mas você deve pedir com a certeza de que sua mente pode e vai entregar isso. Você deve criar uma imagem clara em sua mente antes que seu subconsciente comece a agir para realizar. O subconsciente deve ter um destino definido antes que possa mapear o caminho até ele.

A afirmação estabelece o destino e seu compromisso e determinação para alcançá-lo. Ao adotar essa prática, você cria a realidade que deseja em sua mente. Essa criação existe dentro de sua mente. Só então seu subconsciente pode começar a atrair os materiais, a energia e outros recursos necessários para transformar a ideia em realidade no mundo físico.

Faça suas afirmações em um estado de felicidade e paz, ansiando pela realização ou manifestação de seu desejo. A base sólida para a arte e a ciência da afirmação é o conhecimento e a confiança plena de que seu subconsciente sempre vai responder a seus pensamentos e comandos conscientes, e que seu subconsciente está provido de poder e inteligência infinitos. Ao declarar a afirmação com total confiança de que o subconsciente tem o poder de entregar o que deseja, você garante que o que afirma vai se manifestar no mundo físico.

A habilidade de manifestação é endossada por pessoas de diferentes religiões e trajetórias de vida. O boxeador muçulmano Muhammad Ali uma vez disse: "É a repetição de afirmações que leva à crença. E quando a crença se transforma em uma profunda convicção, as coisas começam a acontecer."

Solucionando problemas

Seu subconsciente pode guiá-lo na tomada de decisões difíceis e na solução de problemas desafiadores. Primeiro é necessário envolver totalmente o consciente, depois passar a decisão ou o problema para o subconsciente resolver. Confie plenamente que seu subconsciente vai entregar a decisão ou solução certa. Não tenha dúvida, medo nem fique preocupado.

Veja os passos de uma técnica simples que você pode usar para receber orientação em qualquer assunto:

1. Acalme sua mente e deixe o corpo imóvel. Diga a seu corpo para relaxar; ele deve lhe obedecer. Seu corpo não tem poder para escolher ou tomar decisões.

2. Mobilize sua atenção: se concentre na solução de seu problema.

3. Durante o dia, analise a questão ou tente solucionar o problema com o consciente.

4. No fim do dia, quando estiver deitado na cama, entregue a decisão ou problema para o subconsciente. Imagine como você vai ficar feliz quando a questão for resolvida ou o problema for solucionado. Deixe sua mente desfrutar desse clima de felicidade e contentamento de um jeito relaxado enquanto você pega no sono.

5. Quando acordar, ocupe-se com outra coisa. A resposta ou solução tem mais chance de chegar quando sua atenção estiver dirigida para outra coisa. Se ela não chegar a você até o meio-dia, repita os passos.

Ao receber orientação do seu subconsciente, o jeito simples é melhor. Por exemplo, suponha que você tenha perdido ou colocado no lugar errado as chaves de casa. Você se lembra da última vez que esteve com elas, mas não estão ali. Procura em todo lugar onde acha possível encontrá-las, mas não estão em parte alguma. Você pede ajuda aos amigos e familiares, sem resultado.

Então é hora de chamar seu melhor amigo e guia que tudo sabe para ajudá-lo. Fale com seu subconsciente do mesmo jeito que falaria com um amigo. Ao fim do dia, deitado na cama para dormir, diga: "Ei, você que sabe de todas as coisas. Você sabe onde estão minhas chaves. Me conte." Então, enquanto pega no sono, imagine ter suas chaves e a alegria que vai sentir quando encontrá-las. Quando acordar, vai ter a resposta.

Não dá para saber como a resposta vai surgir. Pode ser uma imagem mental de onde estão as chaves, o nome de uma pessoa que sabe onde elas estão, a lembrança de onde você estava com elas pela última vez ou alguma coisa totalmente diferente. Apenas confie em sua intuição para guiá-lo.

Auto-hipnose

Como explicado no Capítulo 2, a hipnose pode suspender a atividade do consciente para plantar sugestões no subconsciente de uma pessoa. Com a prática, você também pode conseguir plantar sugestões no seu subconsciente através de auto-hipnose. Para praticar essa técnica, siga os seguintes passos:

1. Decida qual é o seu maior desejo ou a coisa que mais quer mudar. Em outras palavras, comece com um desejo poderoso.

2. Acomode-se em um lugar tranquilo onde você vai estar livre de interrupções por pelo menos 15 minutos.

3. Feche os olhos e respire fundo e devagar. Inspire pelo nariz e expire pela boca.

4. Imagine a inteligência infinita e o poder da consciência universal fluindo através de você, entrando pelo topo de sua cabeça e saindo pelos pés.

5. Faça uma lenta contagem regressiva de dez até um, dizendo depois de cada número: "Estou avançando cada vez mais." Continue a imaginar a consciência cósmica fluindo através de você.

6. Recite sua afirmação (da seção anterior sobre afirmação) 21 vezes, devagar e com vontade. (Estudos mostraram que, ao repetir uma coisa 21 vezes, você começa a substituir um hábito ou pensamento frequente.) Continue a imaginar a consciência cósmica fluindo através de você.

7. Imagine, com todos os seus sentidos, seu mundo depois que a mudança acontecer ou de você receber o que queria. Imagine como vai se sentir. Continue a imaginar a consciência universal fluindo através de você.

8. Repita três vezes: "Eu sou, eu faço e tenho tudo o que desejo. Me sinto cheio de gratidão e alegria."

9. Abra os olhos com um sorriso no rosto.

10. Repita esses passos três vezes por dia por pelo menos uma semana.

Visão geral

A técnica da visão geral envolve usar o consciente para convencer o subconsciente a aceitar um pedido. É mais eficiente quando praticada junto com a auto-hipnose ou quando você se encontra em um estado semelhante ao sonho, quando está pegando no sono, por exemplo. Para praticá-la, siga estes passos:

1. Saiba que sua mente mais profunda está conectada com a inteligência e o poder infinitos.
2. Imagine calmamente o que você quer; veja isso virar realidade a partir desse momento.
3. Não deixe dúvidas ou críticas invadirem sua mente. Entre em um estado mental de aceitação, aquele que tinha quando era criança e simplesmente aceitava ideias sem questioná-las.
4. Repita sua afirmação (da seção anterior, sobre afirmações). Relaxe e se entregue à verdade completa de sua afirmação. Seja como a garotinha que estava com uma tosse muito forte e uma garganta inflamada. Ela declarou com firmeza e repetidas vezes: "Agora está passando. Agora está passando." Ela ficou boa em cerca de uma hora.

A técnica da visão geral é como o processo de construir uma casa. Você começa com uma planta. Escolhe apenas os melhores materiais — a melhor madeira, vidro e tijolos, o melhor de tudo. Você se certifica de que as pessoas que forem construir sua casa sigam a planta e as melhores práticas.

Ao utilizar essa técnica, pense na planta mental que você tem para sua saúde, felicidade e autorrealização. De que recursos precisa para construir a realidade que deseja? Quais recursos, experiência e conhecimento serão exigidos de você e de outras pessoas? Do que elas vão precisar para contribuir? Todas as suas experiências e tudo o que entra em sua vida dependem da natureza dos tijolos mentais que você usa na construção de sua casa mental.

Você está sempre construindo sua casa mental. Seus pensamentos e imagens mentais representam sua planta. Hora a hora, momento a momento, você pode construir saúde, sucesso e felicidade graças aos seus pensamentos, às suas ideias, às suas crenças e às cenas que ensaia no estúdio oculto de sua mente. Entenda que você está constantemente construindo a estrutura de onde vivencia tudo a sua volta — você está sempre criando sua personalidade, sua identidade e toda a história de sua vida na Terra.

Construa uma bela casa mental para si mesmo ao conceber paz, harmonia, alegria e disposição agora mesmo. Ao se abrigar nessas coisas e possuí-las, seu subconsciente vai aceitar sua planta e fazer todos esses desejos acontecerem.

Visualização

O jeito mais fácil e óbvio de formular uma ideia é visualizá-la, vê-la com os olhos da mente de forma vívida, como se estivesse bem a sua frente. É possível ver com os olhos apenas o que existe no mundo exterior; de forma semelhante, aquilo que conseguimos visualizar com os olhos da mente já existe nos cantos invisíveis da nossa mente. Qualquer imagem que você tenha em sua imaginação é tão real quanto qualquer coisa no mundo físico. A única diferença é que ela existe no mundo não físico da mente. A ideia e o pensamento são reais e um dia vão aparecer em seu mundo físico, desde que você não se desvie de sua imagem mental.

Visualização é o processo de criar imagens mentais. Essas imagens então se manifestam como fatos e experiências em sua vida. Toda casa, condomínio residencial, edifício comercial e arranha-céu começaram como uma visualização na mente de um arquiteto. Isso então se tornou um desenho e talvez uma maquete ou uma impressão em 3D. A imagem mental do arquiteto então é projetada no mundo físico, onde a estrutura finalmente é construída.

Os atletas, artistas e oradores mais talentosos praticam visualização antes de uma apresentação. Eles limpam a mente de todas as distrações e imaginam como vai ser seu desempenho, como eles vão se sentir e como as pessoas na plateia vão responder. Eles ensaiam em suas mentes, então, quando chega a hora de se apresentarem, fazem isso com total confiança no resultado. Se deixassem que preocupação ou dúvida penetrassem em seus pensamentos, isso poderia destruir essa confiança.

Imagine que você tenha sido escolhido para fazer uma apresentação ao conselho escolar com sugestões para melhorar o desempenho dos alunos, levando em consideração seu ponto de vista de estudante e do de seus colegas. Nunca tinham pedido que falasse diante do conselho escolar. Na verdade, você é o primeiro aluno da escola a ser convidado para se dirigir ao conselho. Você se sente intimidado. "E se der branco?", você se pergunta. "E se eles me perguntarem algo que não sei responder?"

Claro, você vai querer se preparar para a reunião planejando o que vai dizer, conversando com outros estudantes e talvez criando uma apresentação em slides ou outro material para transmitir suas ideias. Mas você também quer estar confiante e articulado, então ensaia sua apresentação sozinho e talvez até diante de alguns amigos próximos e familiares que o apoiem.

Como um estímulo para a confiança, você visualiza o evento antes que aconteça. Você imagina os membros do conselho sentados a uma mesa grande. Eles estão ávidos por suas ideias. Os pais presentes estão assistindo a sua apresentação em slides e parecem estar entendendo e apreciando tudo o que você está dizendo. Todos estão impressionados por um estudante conseguir fazer uma apresentação tão coerente.

Você mantém essa visualização por dez minutos ou mais, sabendo e sentindo que a mente e o corpo de cada membro do público estão repletos de otimismo, apreciação e satisfação. Você permite que sua consciência cresça até o ponto em que, em sua mente, é quase possível ouvir as vozes dos pais e dos membros do conselho falando em apoio a você e a suas ideias.

Faça isso várias vezes nos dias anteriores à apresentação e mais uma vez pouco antes do evento. Quando estiver apresentando, deixe que seu coração se encha de gratidão pela apresentação que você desenvolveu e pelo apoio das pessoas reunidas para escutá-lo. Pense em como vai se sentir bem depois, quando os membros do conselho e os pais agradecerem a você e expressarem confiança em suas propostas.

Murais de sonho ou murais de visão

Um jeito muito comum e eficaz de visualizar um resultado desejado é construir um mural de sonho ou mural de visão — uma colagem de imagens, quadros, palavras e afirmações que representam o que você quer. Para construir e usar um mural de sonho ou de visão, siga estes passos:

1. Escolha um tema para seu mural. Construa seu tema em torno de algo que você quer ser, fazer ou ter. Talvez queira ser mais saudável e fazer exercícios físicos, fazer uma viagem exótica ou ser representante de turma.

2. Obtenha um mural.

3. Reúna imagens, palavras, citações inspiradoras e outros itens que se encaixem no tema de seu mural, envolva seus sentidos e desperte suas emoções. O objetivo é criar uma colagem que permita a você experimentar totalmente o objeto de seu desejo em sua mente.

4. Passe alguns minutos, várias vezes por dia, olhando para seu mural de sonho e imaginando a realidade refletida nele.

Filme mental

Você provavelmente já ouviu a frase "uma imagem vale mais que mil palavras". Se esse é o caso, então um filme vale um milhão de palavras. Na verdade, quando o cinema foi inventado, ele era chamado de imagens em movimento e era silencioso. Esses filmes projetavam na tela criações mentais de seus produtores, diretores, roteiristas e atores.

Um jeito eficaz de visualizar o que você quer é projetar sua criação mental na tela em branco do seu subconsciente. O YouTube é uma excelente ferramenta de engajamento nesse processo para certas aplicações. Por exemplo, se você quer aprender a esquiar na neve ou fazer esqui aquático, pode assistir a vídeos no YouTube para começar a desenvolver a forma e técnica adequadas em sua mente. Assim, você vai começar a se imaginar esquiando antes de realmente fazer isso. Esse filme mental vai suavizar a transição conforme você desenvolve a coordenação física necessária.

Uma vez usei a técnica do filme mental para realizar um forte desejo que tinha de operar no Meio-Oeste dos Estados Unidos.

> Certa vez, eu queria ter um local permanente no Meio-Oeste onde as pessoas pudessem me encontrar se quisessem minha ajuda. Não sabia por onde começar a procurar pelo local certo, mas o desejo não saía de minha cabeça. Uma noite, quando estava em um hotel em Spokane, no estado de Washington, relaxei completamente em um sofá, concentrei minha atenção e, de um jeito tranquilo e passivo, imaginei que estava diante de uma grande plateia dizendo: "Estou feliz por estar aqui."
>
> Visualizei com a mente a plateia imaginária e senti a realidade de tudo aquilo. Interpretei o papel do ator, dramatizando meu filme mental, e me senti satisfeito por esse filme

estar sendo transmitido para o meu subconsciente, que ia fazer com que isso acontecesse de seu próprio jeito.

Na manhã seguinte, ao despertar, senti uma grande sensação de paz e satisfação, e em poucos dias recebi uma oferta para liderar uma organização no Meio-Oeste, que aceitei e aproveitei imensamente por vários anos.

A técnica do filme mental pode ser usada para inúmeras situações. Suponha que você tenha uma prova importante de espanhol à vista. Você estudou muito, então sabe a matéria, mas fica ansioso no dia da prova. Para melhorar seu desempenho, imagine-se sentado calmamente enquanto a prova é distribuída. O professor diz que a turma pode começar, você entende bem cada questão e as respostas certas chegam a você com facilidade. Imagine que tudo o que aprendeu está na ponta da língua. Você pode acessar o conhecimento em sua mente durante o teste. Imagine receber sua nota e ver que obteve um desempenho tão bom quanto havia imaginado.

Como parte de seu filme mental, assegure-se de retratar sua felicidade e orgulho pela boa nota e imagine-se se sentindo grato por ter sido capaz de se sair tão bem. Cada elemento de seu filme mental é importante. Cada elemento reforça o padrão de imagens positivas em seu subconsciente. A imagem mental guardada na mente, apoiada por sua confiança nela, vai se realizar.

A técnica do filme mental também pode ser muito útil para melhorar o desempenho esportivo. Por exemplo, ao se preparar para um evento de atletismo, você se imagina participando da competição e atingindo seu objetivo, seja ele terminar uma corrida em determinado tempo, arremessar o disco a certo número de metros ou quebrar o recorde da escola no salto em altura. Em sua mente, você escuta o público aplaudindo quando você ganha e imagina seus companheiros de equipe e seu técnico parabenizando-o por seu desempenho incrível.

Mantra

Um *mantra* é uma palavra ou frase repetida em um estado de meditação, tranquilo. Cantar um mantra aquieta o consciente e o foca no significado da palavra ou frase, levando o subconsciente para uma ressonância mais próxima com o objeto focado pela mente. Um mantra pode ser um jeito muito eficaz de imprimir ideias ou imagens mentais na mente subconsciente.

Um mantra geralmente é mais curto que uma afirmação. Em vez de se limitar a cinquenta palavras, limite-se a não mais que algumas poucas, como nos exemplos a seguir:

- Sucesso.
- Alegria.
- Confiança.
- Aventura.
- Eu sou invencível.
- A prosperidade me pertence.
- Eu falo com confiança.
- Eu defino meu destino.

Um mantra também pode ser um som que você expressa que o faz se sentir bem, como "aum" ou "om" ou simplesmente cantarolar para si mesmo. Entretanto, com o objetivo de imprimir pensamentos ou desejos no subconsciente, conecte o mantra escolhido a uma imagem mental clara de como vai ser sua vida quando você tiver o que quer.

Tente envolver todos os seus cinco sentidos nessa imagem mental, assim como as emoções que você vai sentir quando seu subconsciente fizer seu desejo se realizar.

Depois de escolher um mantra, siga estes passos para repeti-lo diversas vezes por dia:

1. Sente-se em um lugar confortável e silencioso, onde você vai estar livre de distrações e interrupções por pelo menos 15 minutos.
2. Feche os olhos e se concentre em sua respiração. Respire devagar e profundamente.
3. Repita seu mantra pela duração de sua meditação, imaginando o poder infinito e a inteligência da consciência universal fluindo através de você, entrando pelo topo de sua cabeça e saindo pelos seus pés.
4. Ao repetir o mantra, concentre-se na imagem mental que você associou a ele. Visualize sua vida quando essa imagem mental se tornar sua realidade. Imagine como você vai se sentir incrível.

Por exemplo, vamos supor que você acha que seus pais não o entendem ou que são muito rígidos, ou que um deles muitas vezes faz ou diz coisas que o magoam. Para resolver a tensão entre vocês, visualize o relacionamento que gostaria de ter com eles e associe essa imagem com um mantra que você repita várias vezes ao longo do dia, como "paz", "amor", "harmonia" ou um som calmante como "om" ou um cantarolar.

Toda noite, antes de dormir, deite-se na cama, acalme sua mente e deixe seu corpo relaxar totalmente. Repita o mantra e imagine você e seus pais interagindo em harmonia e felicidade plenas. Pense em paz, amor e felicidade preenchendo seus pais conforme você pega no sono.

Lembre-se de que você e seus pais e todas as pessoas no mundo compartilham uma única mente subconsciente. Seus pensamentos de paz, amor e harmonia vão passar de seu consciente para seu subconsciente e alcançar seus pais, enchendo-os com pensamentos e sentimentos de paz, amor, harmonia e alegria. Isso será ainda mais verdadeiro se você encarar seu dia sentindo e demonstrando pensamentos e sentimentos positivos em tudo o que faz e em todas as suas interações sociais.

A técnica do sono

Uma mente tranquila e relaxada é mais receptiva a sugestões, e raros são os momentos em que sua mente está mais tranquila e relaxada do que pouco antes de você adormecer. Nesse momento, o consciente pega no sono e o subconsciente se prepara para o turno da noite. Nesse estado, pensamentos negativos e limitadores que tendem a minar seu desejo e sua convicção são neutralizados.

Imagine que você queira se livrar de um mau hábito. Quando estiver deitado na cama, em vez de contar carneirinhos, repita várias vezes: "Eu sou [o contrário do hábito]." Por exemplo, se costuma procrastinar e não fazer o dever de casa no prazo, ou demorar para levantar da cama de manhã, você pode repetir: "Eu sou pontual e comprometido com a excelência." Se você tende a comer muitos lanches e doces, pode repetir: "Eu como alimentos saudáveis."

Repita a frase lentamente, em silêncio e com compaixão por você mesmo por cinco a dez minutos à noite. Repita também de manhã, ainda deitado na cama em um estado sonolento. Cada vez que repetir as palavras, imagine-se sendo exatamente o que você diz ser. Quando surgir a vontade de repetir o hábito negativo, repita a frase (e se ninguém estiver por perto, fale em voz alta). Ao fazer isso, você convence seu subconsciente a aceitar a ideia como verdade, e o mau hábito desaparece.

A abordagem da gratidão

A consciência universal ama a gratidão e tem uma resposta favorável a ela. Um coração agradecido está sempre próximo das forças criativas do universo. Em outras palavras, quando sentimos e emitimos gratidão, fazemos o poder da consciência universal trabalhar a nosso favor. Sentir-se grato atrai tudo o que é bom e puro.

Usar esse sentimento para acionar seu subconsciente é uma das técnicas mais fáceis. Basta se imaginar tendo aquilo que quer e agradecer à consciência universal por ter lhe concedido isso. Essa também é uma das técnicas mais poderosas. A gratidão estimula você a visualizar aquilo pelo que é grato; ela combina seu desejo com uma emoção poderosa e traz para o presente o que você visualiza e o que sente em relação a isso.

Por exemplo, Logan estava em uma situação financeira difícil. As contas só se acumulavam. Ele estava desempregado e preocupado em como ia cuidar dos três filhos. Toda noite e toda manhã, por um período de aproximadamente três semanas, ele se imaginava próspero e expressava sua gratidão usando a palavra "obrigado" com serenidade, relaxado. Ele se imaginava realizado em um emprego bem remunerado, com todas as contas pagas e sentado à mesa de jantar com a esposa e os filhos para saborearem refeições deliciosas juntos.

Logan repetia a palavra "obrigado" até se sentir repleto de gratidão. Imaginava ir até a fonte de inteligência e do poder infinito dentro dele, sabendo, é lógico, que não podia ver esse poder ou inteligência. Ele estava vendo com o olho interno da percepção espiritual, percebendo que sua imagem mental de prosperidade era o alicerce de sua prosperidade.

Ao repetir "obrigado" várias vezes, sua mente e seu coração se ergueram ao ponto de aceitação. Sempre que o medo ou os pensamentos que envolvem pobreza, escassez ou frustração surgiam em sua mente, ele dizia "obrigado" tantas vezes quanto necessário. Logan sabia que, ao manter uma gratidão profunda e sincera, recondicionaria sua mente à ideia de prosperidade, que foi o que aconteceu em sua vida.

Algumas semanas depois de expressar agradecimento, esbarrou com um antigo chefe que não via fazia muitos anos. O homem lhe ofereceu um emprego bem remunerado e adiantou algum dinheiro para ele se manter enquanto não saía o primeiro pagamento. Agora, Logan, que antes estava desempregado, tem um cargo sênior na empresa, consegue pagar as contas e ele e sua família levam uma vida de abundância. Essa palavra simples transformou sua mente, que por sua vez transformou sua vida.

Como qualquer dessas técnicas, a gratidão é um método altamente adaptativo para alcançar seu desejo. E, sim, sentir gratidão pelo carro ou celular que você deseja — sentir gratidão pela coisa como se já a possuísse — é um método eficaz para materializar esses bens, mas seu subconsciente pode atrair muito mais do que coisas materiais.

Você quer se sentir saudável e energizado? Quer se sentir confiante e confortável quando está com seus colegas de turma ou de trabalho? Quer ter uma vida social ativa e feliz? Comece a dizer à consciência cósmica sistematicamente, e com sinceridade, como está grato por ter essas coisas e pelo quanto está as aproveitando.

Sinta o amor

Filósofos, poetas e líderes religiosos do passado e do presente, todos anunciaram o amor como uma força poderosa e transformadora: "O amor conquista tudo." É também uma força criativa poderosa, que une dois ou mais seres para produzir algo que nenhum deles poderia fazer sozinho. Ele também leva o subconsciente à harmonia perfeita com a consciência universal. Quando seu coração está cheio de amor, não resta espaço para medo, frustração ou decepção.

Preencher o coração com amor por tudo o que é verdadeiro, bom e puro beneficia você, mas também pode ser usado para ajudar seus amigos, familiares e pessoas amadas em tempos desafiadores ou para superar a doença ou o pesar. Por exemplo, vamos supor que um amigo esteja internado no hospital com uma infecção viral. Você pensa no nome de seu amigo e depois, com tranquilidade e silêncio, enche o coração com o amor que sente por ele. Então pensa em todas as qualidades positivas da consciência universal: amor, alegria, inteligência infinita, paz absoluta, saúde, perfeição e beleza. Canalize todos os pensamentos e emoções positivas para a consciência universal que permeia todos os seres, inclusive seu amigo.

Ao pensar em silêncio nessas palavras, sua mente se conecta profundamente com a consciência universal, e você é erguido para uma onda espiritual mais elevada. Você sente o oceano infinito de amor dissolvendo tudo o que é diferente dele — qualquer coisa imperfeita, distorcida e doentia — na mente e no corpo de seu amigo. Você sente todo o poder e amor da luz da consciência universal focada em seu amigo, erradicando o vírus e eliminando-o de seu corpo. O oceano infinito da vida e do amor está removendo o vírus do corpo.

Emitindo uma diretriz

Líderes em grandes organizações raramente investem tempo e esforço nas operações diárias. Eles estabelecem a visão da organização, determinam objetivos e emitem diretrizes para o nível superior de gerenciamento, que, por sua vez, desenvolve estratégias para executar a visão e alcançar os objetivos. Eles, então, delegam o trabalho aos gerentes de produção, que o repassam para sua equipe. Você, com seu consciente, é o líder de sua organização. Seu subconsciente é o nível superior de gerenciamento. Você desenvolve uma visão e estabelece objetivos. Então, usando o consciente, emite uma diretriz para o subconsciente, que desenvolve e executa a estratégia para desempenhá-la.

Lembre-se: seu papel é desenvolver uma visão clara do resultado desejado e comunicar isso ao subconsciente com convicção e confiança de que o resultado desejado vai ser alcançado. Não tente microgerenciar o processo. Um bom líder supõe que os funcionários sabem desempenhar suas atividades. Quando você percebe que o poder que criou o universo está sob seu comando, sua confiança e certeza crescem. Não precisa fazer esforço para tentar acrescentar poder a sua diretriz, apenas a emita com convicção.

Por exemplo, uma jovem chamada Jackie não estava interessada em uma relação romântica com um de seus colegas de turma, Josh, mas ele não parava de ligar para ela e enviar mensagens insistindo por um encontro. Ele a esperava em frente ao trabalho dela, perto do carro dela, e Jackie achava muito difícil convencê-lo de que não queria sair com ele. Ela decretou o seguinte: "Eu libero Josh para a consciência universal. Que ele esteja em seu verdadeiro lugar todo o tempo. Eu sou livre, e ele é livre. Através do poder da consciência universal, assim é." Jackie disse depois que Josh simplesmente desapareceu de sua vida. Ele seguiu em frente, e ela não foi mais importunada por ele.

Você tem o poder de criar sua própria realidade simplesmente querendo que algo aconteça. Mas lembre-se: querer não é desejar. Desejar é uma expressão passiva do desejo. Querer é uma intenção ativa.

Fazendo de conta

William James, muitas vezes considerado o pai da psicologia norte-americana, destacou que o subconsciente torna realidade qualquer imagem mental conservada com firmeza. Ele é autor da notável frase: "Aja como se suas ações fizessem diferença. Elas fazem."

Ao longo dos anos, a expressão "fazer de conta" foi apropriada pelos movimentos do Novo Pensamento e da Nova Era para expressar que, se você agir como se já tivesse obtido o que deseja ou conquistado seu objetivo, o universo vai fazer isso se concretizar. Você vai ser o que quer ser. Vai fazer o que sonhava fazer. Vai ter o que tiver a ousadia de afirmar ser seu.

Pense no "fazer de conta" como um passo além de visualizar o resultado desejado ou assistir a um filme mental. Em vez de apenas guardar o pensamento, você vai agir como um ator em um filme ou peça de teatro.

Aqui há algumas maneiras para "fazer de conta":

- Se seu desejo é ser rico, seja generoso com o dinheiro e os bens que você tem como se já fosse rico.
- Se está procurando sua alma gêmea, aja como você vai se sentir quando encontrá-la. Vai estar cheio de amor, empolgação e alegria, todas qualidades extremamente atraentes.
- Mude sua aparência, inclusive o jeito como se veste, para refletir com clareza a pessoa que você quer ser ou a posição que deseja obter.
- Conheça pessoas que exercem a profissão que você quer seguir. Você pode acompanhar algum profissional da área em que deseja atuar, pedir que a pessoa seja sua mentora ou trabalhar como o estagiário dela.
- Se possível, mude seu espaço para refletir o ambiente que vai existir quando seu desejo se realizar.
- Mude seu estilo de vida para refletir a nova realidade. Você pode adotar novos hábitos, novos hobbies ou andar com pessoas diferentes.
- Faça um *test drive* do carro que deseja ter.
- Visite o lugar onde você sonha morar.

- Assista a algumas aulas na faculdade ou universidade em que pretende estudar.

"Fazer de conta" cristaliza a imagem mental e gera a energia emocional positiva necessária para imprimir essa imagem em seu subconsciente.

O método argumentativo

O método argumentativo tem origem no trabalho de Phineas Parkhurst Quimby, um pioneiro na cura mental e espiritual que viveu e trabalhou em Belfast, no estado norte-americano do Maine, há mais de um século e meio. Ele foi o pai da medicina psicossomática e o primeiro psicanalista. Também tinha uma capacidade impressionante de diagnosticar com clarividência a causa do problema, das dores e dos sofrimentos do paciente. O dr. Quimby usava o método para convencer seus pacientes de que sua doença se devia a falsas crenças, medos infundados e padrões negativos alojados no subconsciente deles.

Com o método argumentativo, você envolve sua mente no debate do que ela aceitou como verdade. Por exemplo, se você se convenceu de que não é inteligente o bastante para aprender uma língua estrangeira, force sua mente a provar isso. Você pode desafiar as evidências. Pode perguntar a si mesmo se você se esforçou o suficiente para aprender outra língua. Pode lembrar a si mesmo que há pessoas que se mudam para outros países e quase sempre aprendem o novo idioma. Será que elas são mais inteligentes do que você? Você pode até repreender seu subconsciente por aceitar a mentira tola que contou a si mesmo.

Não tenha medo de responder a seu subconsciente e refutar qualquer noção falsa que ele tente convencer você de que é verdade. Lembre-se: você está no controle. Você dá as ordens, através do consciente, e o subconsciente deve obedecer.

Oração

Quando feita de forma adequada, a oração é uma afirmação. No entanto, em geral é feita de forma imprópria e, então, não produz os resultados desejados. As pessoas costumam cometer o erro de orar pela cura de uma doença ou pela solução para um problema. Estão em dificuldade e procurando ajuda para sair da situação. No processo, a mente delas está focada no problema em vez de na solução e está energizada com uma emoção negativa, como o medo, a preocupação ou a dúvida. Como resultado, oração delas está fazendo mais mal do que bem. Ela derrama mais energia psíquica no problema ou dificuldade em vez de na solução.

A única diferença entre a oração e a afirmação é que a oração em geral é direcionada a um ser superior com base na crença religiosa da pessoa que a compõe ou recita. Ao criar uma oração, siga as mesmas orientações apresentadas neste capítulo para compor uma afirmação: seja breve, positivo, permaneça no momento presente e seja você mesmo. Ao recitá-la, tenha total confiança de que a oração está sendo atendida e visualize como sua vida vai ser diferente e melhor quando ela de fato for atendida. Se estiver orando por outra pessoa, visualize como a vida dela vai ficar diferente e melhor.

Além disso, tenha cuidado com qualquer oração que não tenha sido escrita por você. Leia o texto com atenção para ter certeza de que ela segue as orientações já mencionadas. Não recite uma oração que afirme um problema, uma doença ou qualquer outra dificuldade, ou desperte uma emoção negativa em você. Recitar uma oração dessas só vai levar à frustração e decepção. Além disso, sempre que recitar uma oração, faça com vigor, não apenas diga as palavras.

Capítulo 4
O PODER DA MENTE EM AÇÃO: HISTÓRIAS REAIS

Todos que estão seriamente envolvidos na busca da ciência se convencem de que um espírito é manifesto nas leis do universo — um espírito muito superior ao do homem e diante do qual nós, com nossos poderes modestos, devemos ser humildes.

— Albert Einstein, físico

QUANDO EU DAVA PALESTRAS, PREGAVA E escrevia sobre o poder do subconsciente, ensinava minhas técnicas para envolver o subconsciente a qualquer um que estivesse com vontade de ouvir. No processo, reuni milhares de histórias que demonstram o poder do subconsciente na vida das pessoas. Este capítulo apresenta uma pequena seleção dessas histórias.

Um sonho realizado

Um menino de 12 anos que morava nos Estados Unidos contou à mãe que ia visitar o tio na Austrália durante as férias. Seu pensamento em ir era muito forte, mas ele tinha outro que dizia: "Minha mãe não vai permitir."

A mãe tinha dito: "É impossível. Nós não temos dinheiro, seu pai não vai poder pagar. Você está sonhando."

O garoto explicou à mãe que ele tinha ouvido que, se alguém quisesse algo e acreditasse que a inteligência criativa dentro dele faria o desejo acontecer, ele aconteceria.

Sua mãe disse: "Acredite no que quiser."

Esse menino, que estava lendo muito sobre a Austrália e a Nova Zelândia, tinha um tio na Austrália que possuía uma fazenda. Todo dia, quando estava deitado na cama, ele repetia a seguinte afirmação: "Que o espírito criativo abra o caminho para eu, meu pai e minha mãe irmos para a Austrália durante as férias. Eu acredito nisso, e agora o espírito criativo vai nos guiar." Quando o pensamento que seus pais não tinham dinheiro para aquela viagem passava pela sua mente, ele afirmava: "Que o espírito criativo abra o caminho." Seus pensamentos vinham em pares, então ele dava atenção ao pensamento construtivo, então o pensamento negativo desaparecia.

Uma noite, ele sonhou que estava na fazenda de seu tio em Nova Gales do Sul, vendo milhares de carneiros e se encontrando com o tio e os primos. Quando acordou na manhã seguinte, descreveu toda a cena para a mãe, o que a deixou surpresa. No mesmo dia, chegou uma carta de seu tio convidando os três para sua fazenda e se oferecendo para pagar as despesas da viagem de ida e volta. Eles aceitaram.

A bolsa

Na época de Natal, uma jovem chamada Nina, aluna da Universidade do Sul da Califórnia, passeava por uma zona comercial exclusiva em Beverly Hills. Sua mente estava cheia de expectativa, já que em breve passaria as festas com a família em Buffalo, em Nova York.

Quando Nina passou por uma vitrine, uma bela bolsa a tiracolo de couro espanhol chamou sua atenção. Ela olhou para a bolsa com desejo, mas então viu a etiqueta com o preço e levou um susto. Estava prestes a dizer para si mesma "Nunca vou ter dinheiro para comprar uma bolsa tão cara", mas se lembrou de algo que tinha aprendido sobre o poder do subconsciente: nunca termine uma afirmação negativa. Inverta-a imediatamente, e maravilhas vão acontecer em sua vida.

Olhando para a vitrine, ela disse: "Essa bolsa é minha. Ela está à venda. Eu a aceito mentalmente, e meu subconsciente vai cuidar para que eu a receba."

Mais tarde naquele mesmo dia, Nina se encontrou com seu noivo para um jantar de despedida. Ele chegou com um presente elegantemente embrulhado embaixo do braço. Prendendo a respiração, ela o abriu. Ali estava a bolsa idêntica à que ela tinha visto de manhã!

Nina usou o poder do seu subconsciente para obter a bolsa que queria. Ela esperava de verdade recebê-la e entregou a questão para sua mente subconsciente, que tem o poder de tudo realizar.

Superando o medo do palco

Janet era uma jovem cantora talentosa que foi convidada a fazer um teste para o papel principal de um musical. Ela queria muito fazer o teste, mas estava extremamente apreensiva.

Havia se saído muito mal nas três vezes antes que cantou para diretores. A razão era o medo do fracasso. Ela tinha uma voz maravilhosa, mas estava dizendo a si mesma: "Quando chegar minha hora de cantar, vou ser péssima. Nunca vou conseguir o papel. Eles não vão gostar de mim. Vão se perguntar até por que tive a audácia de tentar. Eu vou, mas sei que vai ser um fracasso."

Seu subconsciente aceitava essas sugestões negativas como comandos. Ela, então, cuidava de manifestá-las e levá-las para sua experiência. Seu medo tinha transferido pensamentos contraproducentes muito carregados de emoção, que, por sua vez, se tornaram sua realidade.

Janet conseguiu superar a força de suas autossugestões negativas rebatendo-as com autossugestão positiva. Ela fez o seguinte: três vezes por dia ia sozinha para um ambiente silencioso, se sentava confortavelmente em uma poltrona, relaxava o corpo e fechava os olhos. Acalmava a mente e o corpo da melhor maneira possível. Então, repetia para si mesma: "Eu canto muito bem. Sou equilibrada, serena, confiante e calma." Três vezes durante o dia e quando estava deitada na cama à noite, ela repetia essa afirmação devagar, em silêncio e com sentimento de cinco a dez vezes.

Em uma semana, ela estava totalmente equilibrada e confiante. Quando o dia fatídico chegou, ela fez um teste maravilhoso e conseguiu o papel principal.

Tornando-se médico

Um jovem na Austrália sonhava em se tornar médico. Ele se saía muito bem em ciências, mas não tinha como pagar a faculdade de medicina. Seus pais tinham morrido. Para se sustentar, ele limpava consultórios no centro médico do hospital local. Ele leu que uma semente plantada no solo atrai para si mesma tudo de que precisa para se desenvolver plenamente. Tudo o que ele precisava fazer era aprender uma lição com a semente e plantar sua visão de sucesso no seu subconsciente.

Toda noite, quando ia dormir, ele visualizava um diploma de medicina com seu nome escrito em letras grandes e rebuscadas. Foi fácil para ele criar uma imagem precisa e detalhada do diploma, pois parte de seu trabalho era tirar a poeira e lustrar os diplomas emoldurados nas paredes dos consultórios, e ele os observava com atenção ao limpá-los.

Ele persistiu com sua técnica de visualização toda noite por cerca de quatro meses. Então, um dos médicos cujo consultório ele limpava perguntou se ele queria se tornar assistente. O médico pagou para que o jovem participasse de um programa de treinamento no qual ele aprendeu várias habilidades médicas, depois o contratou como assistente. O médico ficou tão impressionado com a determinação do jovem que mais tarde o ajudou a cursar a faculdade de medicina. Hoje, esse jovem é um médico renomado em Montreal, no Canadá.

O sucesso chegou porque ele tinha aprendido a lei da atração. Descobriu como usar o subconsciente do jeito certo. Isso envolveu seguir um ensinamento antigo, que diz: "Depois de ver com clareza o fim, você terá desejado os meios para sua realização." O fim nesse caso era se tornar médico. Ele conseguiu imaginar, ver e sentir a realidade de ser médico. Ele viveu com a ideia. Ele a sustentou, alimentou e amou.

Por fim, com a visualização, a ideia penetrou nas camadas de seu subconsciente. Ela se tornou uma convicção. Essa convicção então o atraiu para tudo o que era necessário para a realização de seu sonho.

Superando um temperamento desagradável

O problema de Dan era uma irritação e um mau humor constantes. Embora estivesse preocupado com isso, se alguém tentasse conversar sobre o assunto, ele explodia de raiva. Sempre dizia a si mesmo que as pessoas o estavam provocando e que precisava se defender delas.

Para rebater essa conversa negativa consigo mesmo, ele usou autossugestão positiva. Várias vezes por dia — de manhã, à tarde e à noite antes de dormir —, repetia para si mesmo:

> Daqui em diante, serei mais bem-humorado. Alegria, felicidade e animação estão se tornando meus estados mentais mais comuns. A cada dia fico mais amável e compreensivo. Vou ser um centro de alegria e boa vontade para todas as pessoas a minha volta, contagiando-as com meu bom humor. Este estado de espírito feliz, alegre e animado agora está se tornando meu estado mental natural. Eu sou grato.

Depois de um mês, sua mulher e seus colegas de trabalho perceberam como estava mais fácil conviver com ele.

Visão restaurada

Um jovem tinha uma condição nos olhos. Seu oftalmologista lhe disse que ele teria que ser submetido a uma cirurgia muito delicada e arriscada. Depois de aprender sobre o poder do subconsciente, ele disse para si mesmo: "Meu subconsciente fez meus olhos e pode me curar."

Toda noite, quando ia dormir, ele entrava em um estado sonolento e meditativo. Sua atenção permanecia fixa e focada no oftalmologista. Ele imaginou o médico parado a sua frente e ouviu, ou imaginou ter ouvido, nitidamente o médico dizendo: "Aconteceu um milagre!" Ouviu isso repetidas vezes todas as noites por cerca de cinco minutos antes de dormir.

Três semanas depois, teve outra consulta com o oftalmologista que tinha examinado seus olhos. O médico o examinou mais uma vez, então exclamou: "Isso é um milagre!"

O que tinha acontecido? Ele imprimiu em seu consciente, usando o oftalmologista como um instrumento ou meio de convencê-lo e transmitir a ideia. Através da repetição, da certeza e das expectativas, ele plantou uma imagem mental de recuperação no subconsciente. Seu subconsciente havia feito seus olhos. Ele tinha dentro dele o padrão ou projeto perfeito da estrutura saudável normal dos olhos. Depois que o subconsciente foi impregnado pela ideia de restaurar a saúde do olho, ele imediatamente começou a curá-lo.

A farmacêutica

Uma jovem farmacêutica chamada Mary trabalhava no departamento de aviação de receitas de uma grande rede de farmácias. Um dia, enquanto estava me atendendo, começamos a conversar. Perguntei se ela gostava de seu trabalho.

— Ah, é bom — respondeu. — Com o salário e as comissões, eu fico bem. E a empresa tem um bom programa de participação nos lucros. Com sorte, vou conseguir me aposentar jovem o bastante para aproveitar a vida.

Fiquei em silêncio por um momento, então perguntei:

— Era assim que você pensava que seria quando era pequena, quando resolveu que queria ser farmacêutica?

Ela ficou intrigada.

— Bom, não — respondeu ela. — Acho que não. Eu sempre me imaginei com minha própria loja. Queria que, quando andasse na rua, as pessoas me cumprimentassem e me chamassem pelo nome. E eu saberia o nome de todos eles, porque eu seria sua farmacêutica. Você vai achar estranho, mas eu cheguei até a sonhar com pais me ligando no meio da noite porque o filho estava doente. Eu vestia a roupa por cima do pijama e descia até a loja para pegar o remédio de que eles precisavam. Não parece muito com um emprego das nove às cinco atrás de um balcão nos fundos de uma grande loja, não é?

— Com certeza não — falei. — Mas por que você não corre atrás do seu sonho? Você não seria mais feliz e mais produtiva? Eleve sua visão. Saia deste lugar. Abra sua própria loja.

— Mas como? — perguntou ela, fazendo que não com a cabeça. — É preciso muito dinheiro para fazer isso, e eu estou apenas sobrevivendo, mês a mês.

Minha resposta foi compartilhar com essa jovem um fato maravilhoso: o que quer que concebesse como verdade, ela poderia realizar. Falei sobre os poderes do subconsciente dela. Ela logo entendeu que, se impregnasse do jeito certo seu subconsciente com uma ideia clara e específica, esses poderes de algum modo iam realizar seu objetivo.

Ela começou a imaginar que estava na própria loja. Ela se visualizava arrumando os frascos, aviando receitas e atendendo clientes que também eram vizinhos e amigos. Também imaginava um grande saldo bancário. Ela trabalhou essa história imaginária em sua mente. Como uma boa atriz, viveu o papel. *Aja como se eu for, e eu vou ser*. Essa jovem se dedicou plenamente ao papel, vivendo, se movimentando e agindo como se fosse a dona da loja.

Vários anos depois, Mary me escreveu para contar o que tinha acontecido com sua vida desde nossa conversa. A loja da rede onde ela trabalhava faliu devido à concorrência de uma loja maior em um shopping novo. Ela encontrou um emprego como representante de vendas de uma empresa farmacêutica, cuidando de um território que cobria diversos estados.

Um dia seu trabalho a levou a uma cidadezinha com apenas uma farmácia. Ela nunca tinha estado ali antes, mas, no momento em que entrou, ela a reconheceu. Era exatamente a mesma loja que visualizara em sua imaginação.

Surpresa, ela contou ao idoso dono da farmácia sobre essa coincidência incrível. Por sua vez, o proprietário contou a ela que estava pronto para se aposentar, mas não queria vender a loja que estava com sua família havia três gerações para alguma grande corporação.

Depois de várias conversas, o proprietário se ofereceu para emprestar a ela o dinheiro para comprar a loja. Ela ia conseguir fazer os pagamentos do empréstimo com os lucros do negócio. A mulher se mudou com a família para a cidadezinha e logo conseguiu dar o sinal em uma casa grande e antiga a uma pequena distância da loja. Agora, quando caminha até o trabalho de manhã, todo mundo por quem ela passa diz olá e a chama pelo nome. Eles a conhecem porque ela é a farmacêutica deles.

Nikola Tesla

Nikola Tesla foi um inventor brilhante. A bobina de Tesla é uma das invenções mais conhecidas pelo público. É um transformador que produz corrente alternada de alta voltagem, corrente baixa e de alta frequência que pode ser transmitida por ondas pelo ar como o rádio e a televisão, em vez de por meio de fios elétricos. Você pode encontrar diversos vídeos no YouTube com demonstrações da bobina de Tesla produzindo raios de eletricidade.

Tesla utilizava muitas vezes o poder do seu subconsciente. Sempre que tinha uma ideia para uma invenção ou uma nova pesquisa, ele a construía em sua imaginação e depois a entregava para o subconsciente. Ele sabia que seu subconsciente ia solucionar os detalhes e revelar ao consciente o conhecimento de que precisava para construí-la. Por meio da contemplação silenciosa de toda melhoria possível, ele não desperdiçava tempo corrigindo erros. Ele, então, passava esse produto de sua mente criativa e subconsciente para seus técnicos, que recebiam a tarefa de construir o protótipo.

Em uma entrevista, ele disse: "Meus dispositivos sempre funcionam como eu imaginei que funcionariam. Em vinte anos não houve uma única exceção."

Ele demitiu a si mesmo

Rafael era um executivo em uma fundação importante. Ele admitiu para mim que por três anos esteve morrendo de medo de perder o emprego. Estava sempre imaginando o fracasso. Sempre esperava que seus subordinados fossem promovidos à frente dele. As coisas que ele temia não existiam, exceto como um pensamento mórbido e ansioso em sua própria mente. Sua imaginação vívida dramatizava a perda de seu emprego até ele se tornar cada vez mais nervoso e improdutivo. Finalmente, pediram sua demissão.

Na verdade, Rafael demitiu a si mesmo. Suas constantes imagens mentais negativas fizeram seu subconsciente responder e reagir de acordo com elas, o que o levou a cometer erros e a tomar decisões tolas. Isso, por sua vez, o levou ao fracasso.

O medo do fracasso superado

Um engenheiro me disse uma vez: "Não fui capaz de realizar três tarefas que me foram atribuídas. Fracassei terrivelmente." Esse homem começou a ver que temia o fracasso e que esperava o fracasso, então resolveu mudar de atitude. Ele admitiu: "Eu tinha fé no fracasso. Desse momento em diante, minha fé vai ser no sucesso." Seu lema se tornou "Qualquer coisa que posso conceber e acreditar ser possível, eu posso realizar." Ele recitava isso várias vezes ao longo de cada dia.

Sim, qualquer coisa que você possa conceber, você pode realizar. O engenheiro começou a perceber que havia um poder infinito em seu interior que ele podia aproveitar. Ele começou a encontrar as respostas, o poder e a sabedoria para superar desafios, que antes achava não terem esperança. Agora que tinha fé no sucesso, ele esperava sucesso.

Confiança e certeza são tão contagiosas quanto o medo. Ao substituir seu medo por confiança, seus funcionários também ganhavam confiança, e juntos eles atingiam níveis cada vez mais altos de sucesso.

Ela só queria uma máquina de costura

Mary me visitou depois de ouvir uma de minhas palestras no Park Central Hotel, em Nova York. Ela fez a pergunta clássica: "Como posso aprender a acreditar em mim mesma?"

Nós estamos lidando com todos os níveis de consciência, e eu me encontrei com a garota no nível dela. Respondi com uma pergunta simples: "Do que você mais precisa neste momento?"

Esperava que ela dissesse algo como "Quero conhecimento, verdade, sabedoria e compreensão divinos". Esses, é claro, são os desejos mais elevados, mas a resposta dela foi: "Uma máquina de costura."

Expliquei que uma máquina é uma criação da consciência maior da qual o subconsciente dela era parte integral. Se ela pudesse formar a ideia de possuir uma máquina de costura em sua mente, esse pensamento ia se manifestar em seu mundo físico.

Eis o que ela fez: sentou-se no sofá uma noite, ficou em silêncio e relaxada, concentrou sua mente e imaginou uma máquina de costura na sua frente. Ela sentiu a realidade e a solidez da máquina com suas mãos imaginárias e se imaginou usando-a. Ela foi dormir agradecendo à fonte de todas as coisas vistas e não vistas.

Dias depois, uma mulher que vivia no mesmo prédio bateu na porta de Mary e perguntou se ela sabia usar uma máquina de costura. Ela estava viajando em lua de mel e não ia voltar, por isso precisava se livrar da máquina. Mary aceitou!

Capítulo 5
REPARE OS DANOS: SUPERANDO PENSAMENTOS AUTOLIMITANTES IMPLANTADOS EM SUA MENTE

Toda matéria se origina e existe apenas em virtude de uma força que faz as partículas do átomo vibrarem. Devo presumir por trás dessa força a existência de uma mente consciente e inteligente. Essa mente é a matriz de toda matéria.

— Max Planck, físico

MUITOS DE NÓS SOMOS CRIADOS COM uma dieta constante de pensamentos negativos e autodestrutivos durante a infância, fase em que estamos mais vulneráveis. Mentes jovens são muito receptivas à sugestão. Se um pai ou professor nos convence de que não temos a inteligência ou o talento para obtermos sucesso em determinado empreendimento, isso pode levar a uma vida de escassez e limitações. Mas só se permitirmos isso.

Mas as palavras de outros não têm poder sobre nós a menos que permitamos. Antes que uma sugestão possa ter impacto em nossas vidas, ela deve ser aceita pelo subconsciente, quando esse pensamento destrutivo na mente de outra pessoa se torna o pensamento destrutivo em nossa própria mente. Assim que o subconsciente aceita o pensamento, ele começa a trabalhar para levá-lo a nossa experiência.

De muitas maneiras, somos programados quando crianças a acreditar, falar e nos comportar como fazemos quando adultos. Nossa confiança ou falta dela também é programada em nós nos primeiros anos de nosso desenvolvimento. Felizmente, temos o poder de nos reprogramar ao mudar nossos pensamentos e emoções. Temos o poder de redirecionar nossos pensamentos e emoções de um caminho negativo para um positivo. E ao transformarmos como pensamos e sentimos, começamos uma transformação positiva em nossas vidas.

Heterossugestão

Uma *heterossugestão* é uma ideia que uma pessoa apresenta para alguém com a intenção de que a outra pessoa a aceite. Em todas as épocas e em todas as partes do mundo, o poder da sugestão teve um papel dominante no desenvolvimento de indivíduos e das comunidades onde eles vivem. Costumes, religião, movimentos políticos e sociedades inteiras se desenvolvem e florescem conforme a população adota atitudes e crenças compartilhadas. Essas, então, são reforçadas e passadas de uma geração para outra por meio da heterossugestão.

A heterossugestão pode ser usada como uma ferramenta para atrair pessoas para uma causa comum, energizar uma comunidade e reforçar valores positivos. Entretanto, ela também pode ser mal utilizada para comandar e controlar outras pessoas. Quando usada de forma construtiva, pode ajudar a desenvolver sociedades harmoniosas, produtivas e livres.

Quando usada de forma destrutiva, esse mesmo poder é capaz de fomentar o ódio, a divisão e a injustiça. Seus resultados podem ser padrões duradouros de fracasso, infelicidade, doença e desastre.

Falar consigo mesmo de forma negativa

A heterossugestão negativa é apenas uma fonte de pensamentos e emoções prejudiciais. É a fonte externa. Há, também, uma fonte interna. Muitos de nós falam consigo mesmos e fazem autossugestões. Temos o hábito de "nos massacrar".

Dizemos a nós mesmos que não somos bons em matemática e inglês, que não temos talento para esportes ou dons artísticos. Nós nos convencemos de que o mundo todo está contra nós e que nunca vamos ser bem-sucedidos em nada. Podemos até começar a pensar que não somos merecedores de amor. Como resultado, passamos pela vida frustrados, decepcionados e desestimulados, vítimas de nossas próprias profecias autorrealizáveis.

Falar consigo mesmo de forma negativa pode levar a questões sérias que sabotam a felicidade e o sucesso, incluindo as seguintes:

- **Autolimitação:** Você precisa de ao menos uma quantidade mínima de confiança para tentar fazer qualquer coisa fora de sua zona de conforto. Falar consigo mesmo de forma negativa pode minar sua consciência e convencê-lo de que tentar não compensa o esforço.

- **Catastrofização:** Catastrofizar é uma forma de pensamento distorcida que faz você ver o menor dos problemas como um fracasso total. Isso muitas vezes convence as pessoas a desistirem quando estão muito perto do sucesso.

- **Depressão:** O pensamento negativo crônico tem impacto no estado de espírito, levando à depressão, que pode prejudicar o desempenho em todas as áreas na vida de uma pessoa.
- **Insegurança:** O pensamento negativo está relacionado com inseguranças que podem sabotar a capacidade de uma pessoa de formar e manter relacionamentos produtivos e recompensadores. Inseguranças podem até levar alguém a culpar e criticar os outros por suas próprias deficiências.

Faça um inventário

Desde o dia em que nascemos, muitos de nós somos bombardeados com sugestões negativas de figuras de autoridade em nossas vidas: pais, professores, treinadores, líderes comunitários, jornalistas e outros em quem confiamos para nos ensinar e nos dizer o que é verdade. Em nossa juventude, raramente questionamos o que nos dizem, por isso temos a tendência de aceitar o que é dito. Infelizmente, muito do que alguns de nós aprenderam e aceitaram como verdade são crenças negativas e autolimitantes.

Quantos dos pensamentos autolimitantes a seguir você passou a aceitar e, possivelmente, a repetir para si mesmo com regularidade?

- Sou preguiçoso.
- Estou sempre atrasado.
- Eu nunca dou continuidade a nada. (Eu nunca termino o que começo.)
- Faço tudo errado.
- Qual o problema comigo?
- Não mereço uma coisa tão boa.
- Sou velho demais (ou jovem demais).
- Não sou inteligente o bastante.

- Não tenho dinheiro.
- Ninguém liga para o que eu digo.
- As pessoas são egoístas.
- O mundo não é justo.
- Outras pessoas estão me impedindo de alcançar o que desejo.
- O que está previsto para acontecer, vai acontecer. (Não tenho controle sobre o que acontece.)
- Não sou bom com dinheiro.
- Tudo é caro demais.
- Não posso me dar ao luxo de ser feliz.
- Nunca vou achar o parceiro certo.
- Relacionamentos só causam dor.

Carregue uma caneta e um bloco de papel com você e, durante os próximos dias, anote os pensamentos negativos e autolimitantes que entram em sua cabeça (eles podem ser afirmações que você faz para si mesmo ou afirmações que outros dizem a você).

Ao aceitar essas sugestões negativas autolimitantes, você colabora para fazê-las acontecer. Quando você era criança, pode ter sido impotente. Não sabia o que fazer. Agora, como adolescente ou jovem adulto, você não tem nenhuma desculpa. Tem total controle sobre o que pensa. É capaz de recondicionar sua mente com autossugestão construtiva para pensar de forma construtiva e rebater as impressões negativas do passado.

O primeiro passo é se tornar consciente das sugestões que estão operando em você. Essas podem ser afirmações que você pegou com outras pessoas (heterossugestões) ou aquelas que compôs e repetiu para si mesmo (autossugestões). Quando não são examinadas, essas impressões mentais podem criar padrões de comportamento que levam ao fracasso em sua vida pessoal e social. A autossugestão construtiva pode libertar você da massa de condicionamento verbal negativa que, do contrário, pode distorcer seu padrão de vida e tornar difícil ou mesmo impossível o desenvolvimento de novos hábitos.

Preste muita atenção aos pensamentos, emoções e imagens mentais que entram em seu cérebro ao longo do dia. Você não precisa ficar à mercê de sugestões destrutivas. A maioria de nós foi exposta a crenças negativas e limitantes em todos os estágios de nossas vidas. Se olhar para trás, é possível lembrar facilmente como pais, amigos, familiares, professores e conhecidos dificultaram sua vida com as sugestões negativas deles.

Estude o que foi dito a você, examine com atenção os significados subjacentes, e você vai descobrir que muitas dessas afirmações negativas e autolimitantes não eram mais do que uma forma de propaganda. O propósito oculto era — e é — controlá-lo provocando medo em você.

Essa propaganda acontece em toda casa, escola, ambiente de trabalho e clube. Você vai descobrir que muitas sugestões das pessoas, saibam elas ou não, têm como objetivo fazer você pensar, sentir e agir como elas querem, de maneiras que são vantajosas para elas, mesmo que sejam destrutivas para você.

Reprograme sua mente

Leia as notícias na internet ou assista a elas na TV. Todo dia, dezenas de histórias plantam as sementes do medo, da ansiedade e da decepção. Se você deixá-las entrar e aceitá-las, esses pensamentos podem fazer você perder o gosto pela vida. Entretanto, quando entende que não precisa aceitar esses pensamentos, eles têm menos influência sobre o que você pensa e como se sente. Na verdade, você pode ignorá-los completamente. Pode desligar a TV, evitar sites de notícias e até decidir não entrar em suas redes sociais.

Quanto aos pensamentos negativos e autolimitantes que já foram plantados em sua mente, é possível começar a desafiá-los, discuti-los e rebatê-los com pensamentos e emoções opostos, como:

- A vida é maravilhosa!
- Tenho muita energia e entusiasmo.
- Sou sempre pontual.
- Persisto diante da adversidade.
- Sou perfeito de todas as formas.
- Mereço tudo de bom que a vida tem a oferecer.
- Uma pessoa nunca é jovem ou velha demais para correr atrás de seus sonhos.
- Através do poder do subconsciente, tenho acesso à inteligência infinita.
- Vivo em um universo de abundância. A riqueza é minha por direito.
- As pessoas me escutam e se importam com o que eu digo.
- A maior parte das pessoas é generosa e atenciosa.
- O poder do subconsciente está disponível para todos.
- Ninguém pode ficar em meu caminho a menos que eu permita.
- Eu escolho. Eu comando. Meu subconsciente obedece.
- Aceito apenas a saúde e um corpo saudável.
- A felicidade é um estado mental. Eu escolho ser feliz.
- Atraio as pessoas certas.
- Meus relacionamentos são recompensadores e harmoniosos, sem exceção.
- Minha alma gêmea está no mundo e está sendo atraída para mim.

Volte para a lista de pensamentos negativos derrotistas que você criou antes neste capítulo e escreva uma nova lista de pensamentos empoderadores para rebatê-los.

Sempre que um pensamento desanimador começar a entrar em sua mente, interrompa-o, substitua-o por seu pensamento positivo e repita a afirmação empoderadora várias vezes, devagar e com convicção. O objetivo é substituir as palavras desestimulantes que você diz para si mesmo por sua contrapartida positiva.

O poder de uma suposta premissa maior

Desde a Grécia Antiga, filósofos e pensadores estudaram a forma de raciocínio chamada *silogismo*. A mente raciocina em silogismos. Em termos práticos, isso significa que as premissas que seu consciente aceita como verdade determinam a conclusão a que vai chegar seu subconsciente, não importa qual seja a pergunta ou o problema. Se suas premissas são verdadeiras, a conclusão deve ser verdadeira.

Por exemplo:

Toda virtude é louvável;
A bondade é uma virtude;
Logo, a bondade é louvável.

Ou então:

Tudo que é feito pelas pessoas muda e morre;
As pirâmides do Egito foram feitas por pessoas;
Logo, as pirâmides do Egito vão mudar e morrer.

A primeira afirmação em cada um desses silogismos de três linhas é conhecida como a premissa maior, a segunda é a premissa menor e a afirmação final é a conclusão.

Um professor universitário que compareceu a algumas de minhas palestras sobre a ciência da mente na prefeitura de Nova York veio falar comigo depois. Ele me disse: "Tudo em minha vida está em completa desordem. Eu perdi saúde, dinheiro e amigos. Tudo dá errado para mim."

Expliquei a ele que seus problemas vinham, pela lógica, diretamente de sua premissa maior autodestrutiva. Para mudar sua vida, ele precisava estabelecer uma nova premissa maior em seu pensamento. Precisava aceitar como verdade a convicção de que a inteligência infinita do consciente o estava guiando, fazendo-o prosperar e dirigindo-o espiritual, mental e materialmente. Quando ele fizesse isso, seu subconsciente ia automaticamente dirigi-lo com sabedoria em suas decisões, curar seu corpo e restaurar sua mente à paz e à tranquilidade.

Esse professor formulou uma imagem mental do jeito como ele queria que sua vida fosse. Esta era sua premissa maior:

> A inteligência infinita me guia e me conduz em todos os meus caminhos. Minha saúde é perfeita, e a lei da harmonia opera em minha mente e em meu corpo. A beleza, o amor, a paz e a abundância me pertencem. Os princípios da ação correta e da ordem divina governam toda a minha vida. Sei que minha premissa maior está baseada nas verdades eternas da vida, e eu sei, sinto e acredito que meu subconsciente responde de acordo com a natureza do pensamento de meu consciente.

Um tempo depois, ele me escreveu o seguinte relatório de progresso: "Repeti as afirmações de minha premissa maior devagar, em silêncio e de forma amorosa várias vezes por dia. Eu sabia que elas estavam penetrando fundo em meu subconsciente. Estava convencido pelas leis da mente que os resultados deviam acontecer. Sou profundamente grato pelo conselho que você me deu, e gostaria de acrescentar que todos os aspectos de minha vida estão mudando para melhor. Isso funciona!"

Capítulo 6
FIQUE SAUDÁVEL

O poder que fez o corpo cura o corpo.
— B. J. Palmer, médico quiroprático

O CORPO HUMANO É INCRÍVEL. TALVEZ mais impressionante seja a habilidade do cérebro de mantê-lo funcionando 24 horas por dia, sete dias por semana, 365 dias por ano — 366 dias em anos bissextos. Seu corpo está totalmente equipado para se defender contra vírus mortais e até restaurar ossos quebrados, cortes, músculos lesionados e tecidos e órgãos danificados. Quando os médicos fazem um transplante de fígado, o órgão do doador torna a crescer até o tamanho normal depois da cirurgia, e a parte transplantada cresce em um novo fígado inteiro em apenas algumas semanas! Imagine ter um carro que pudesse consertar a si mesmo e fazer novas peças crescerem.

Uma quantidade cada vez maior de evidências sugere que nossos pensamentos e emoções têm mais influência em nossa saúde e bem-estar do que a maioria de nós imagina. As conexões entre os sistemas nervoso, muscular, endócrino, respiratório, cardiovascular, digestivo, imunológico e excretor influenciam no surgimento e na progressão de muitas doenças. Infelizmente, a medicina convencional se concentra principalmente no tratamento físico — remédios, cirurgia, radiação e quimioterapia — e costuma ignorar fatores psicológicos e emocionais que atrapalham o funcionamento adequado do corpo. Como resultado, os pacientes quase sempre são tratados como recipientes passivos de cuidados de saúde em vez de participantes em sua própria cura.

A verdade é que, em grande parte, somos responsáveis por nossa própria saúde e bem-estar. É certo que alguns fatores podem estar fora de seu controle, como uma condição ou uma suscetibilidade genéticas, ferimento físico ou exposição a toxinas ambientais, bactérias ou vírus infecciosos. Mas nós temos forte influência sobre nossa saúde física através de nossas escolhas conscientes de onde e como vivemos, o que botamos em nossos corpos e como pensamos e sentimos.

Dê ao corpo o que ele precisa

Para manter ou restaurar a saúde, você deve fornecer a seu corpo o que é essencial:

- **Nutrição adequada:** As quantidades e proporções certas de macronutrientes (proteínas, gorduras e carboidratos) e micronutrientes (vitaminas, minerais) são necessárias para fornecer ao corpo a energia e os tijolos químicos de que ele precisa para crescer e se reparar.
- **Ar limpo:** Como a maioria dos animais, humanos precisam de oxigênio para sobreviver, o que, felizmente, está presente no ar que respiramos. O ideal é que esse ar seja livre de toxinas, substâncias irritantes (como poeira) e patógenos (bactérias, vírus e fungos nocivos).

- **Água pura:** O corpo humano é aproximadamente 60% água (e o cérebro é aproximadamente 85%). O corpo usa água como solvente, meio de transporte, lubrificante e refrigerador. Como solvente e meio de transporte, ela tem um papel essencial na eliminação de toxinas do corpo. Como o ar, a água que bebemos deve ser livre de toxinas, impurezas e patógenos.

- **Atividade física e mental:** Atividade física e mental é essencial para o desenvolvimento de mentes e corpos fortes. Exercícios físicos geram força, resistência e coordenação, enquanto exercícios mentais aumentam o fluxo sanguíneo e o transporte de oxigênio até o cérebro para sustentar o crescimento dos neurônios e o desenvolvimento e construção de novas redes neurais.

- **Sono restaurador:** Embora todo mundo seja diferente, a maioria das pessoas precisa de aproximadamente oito horas de sono de qualidade por noite para o reparo e restauração diários. Durante o sono, seu corpo se desintoxica, repõe suas reservas de energia, repara células e tecidos danificados e processa os dados coletados ao longo do dia.

- **Uma mentalidade positiva:** Por mentalidade positiva quero dizer baixo estresse. O estresse aumenta a tensão muscular e restringe o fluxo sanguíneo, o que pode levar a digestão ruim, dores de cabeça, tensão e dor muscular, pressão alta, doenças no coração, AVCs, sono ruim, ganho de peso, prejuízos cognitivos e outras questões de saúde.

Para ajudar seu corpo a funcionar da melhor forma possível, siga estas sugestões:

- Coma alimentos saudáveis (não processados), em sua maioria plantas — hortaliças, frutas e castanhas.

- Respire ar fresco. Passe tempo ao ar livre, de preferência na natureza. Areje sua casa o máximo possível, supondo que você não viva em uma área muito poluída.

- Beba água de qualidade, pelo menos dois litros por dia (você pode encontrar tabelas para o consumo de água recomendado na internet). Evite bebidas doces, como refrigerantes, e até suco de frutas e qualquer bebida com conservantes, incluindo energéticos.

- Permaneça ativo psicológica, social e mentalmente. Caminhe, ande de bicicleta, divirta-se com amigos e familiares, pratique esportes e jogos, encontre um hobby. Não fique sentado assistindo à TV ou navegando nas redes sociais o dia inteiro.

- Durma pelo menos oito horas por dia. Não passe a noite acordado. A falta de sono traumatiza o cérebro mais do que você pode imaginar.

- Identifique a fonte de qualquer estresse que você sinta e repare-a ou esqueça-a. Resolva questões ou livre-se delas.

- Não envenene seu corpo com álcool, maconha, nicotina, cafeína, fast-food e outras substâncias prejudiciais.

Lembre-se: muitos problemas de saúde têm origem na mente, na forma de pensamentos ou emoções, mas, mesmo quando a causa é principalmente física, a mente pode ter um papel importante na cura e na recuperação.

Foque a saúde, não a doença

Se você sintonizar nos meios de comunicação *mainstream*, não dá para evitar perceber que damos muito mais atenção à doença do que à saúde.

Somos inundados por anúncios de remédios disponíveis para tratar uma grande variedade de doenças: alergias, asma, diabetes, eczemas, psoríase, indigestão, pressão alta, dor crônica, dores de cabeça, depressão, ansiedade e mais.

Isso implica sermos falsamente levados a acreditar que nossos corpos sozinhos são incapazes de se manterem saudáveis. Pior, talvez, é que essas mensagens têm o potencial de plantar as sementes dessas doenças em nossas mentes subconscientes.

Durante os primeiros dias da pandemia de Covid-19, a cobertura jornalística 24 horas por dia, sete dias por semana, encheu as pessoas com medo e ansiedade em relação ao vírus, em vez de confiança no sistema imunológico do corpo para se proteger da infecção. As reportagens se concentravam em índices de infecção, hospitalizações e mortes. Quantas histórias você ouviu sobre pessoas que tiveram Covid-19 e apresentaram apenas sintomas leves ou até mesmo nenhum? Quantas reportagens você ouviu ou leu dando conselhos sobre como reforçar seu sistema imunológico? Autoridades de saúde e a mídia minimizaram e, em alguns casos, diminuíram a imunidade natural que as pessoas desenvolveram após a infecção pela Covid.

Para estar saudável, foque mais a saúde e menos a doença. Celebre sua saúde e seja grato por ela. Evite notícias e anúncios que alimentam sua mente com informação sobre doenças. Todas essas reportagens e anúncios servem como sugestões negativas, plantando a ideia de doença em seu subconsciente.

Sempre que pensamentos de dor ou doença entrarem em sua mente, rebata-os com pensamentos de saúde perfeita e bem-estar. Por exemplo, se você começa a sentir como se fosse ficar resfriado, lembre-se de que você é perfeitamente saudável e que seu sistema imunológico está vigilante em todas as horas do dia para protegê-lo de infecções. Considere repetir a seguinte afirmação:

Tenho uma saúde perfeita. Todos os sistemas de meu corpo funcionam extraordinariamente e em perfeita harmonia para manter meu corpo saudável. Meu sistema imunológico está vigilante. Ele identifica, ataca e destrói toda bactéria e todo vírus que ameaçam minha saúde.

Abrace a saúde. Rejeite a doença.

Um princípio de cura universal

Muitas práticas de saúde alternativas confiam no poder do subconsciente para curar doenças e restaurar a saúde. Elas incluem cura pela fé, meditação, *mindfulness*, biofeedback, hipnose, visualização, imagens guiadas, terapia com música/som, técnica da liberdade emocional (EFT, na sigla em inglês) e o uso de placebos — um comprimido ou procedimento inofensivo que não tem nenhum efeito terapêutico além de convencer o paciente de sua eficácia. Essas práticas têm curas documentadas até para as doenças mais graves e persistentes, e elas são todas baseadas nas seguintes verdades:

- Sua mente tem duas faculdades: pensamentos conscientes e subconscientes.
- Sugestões podem ser plantadas através de seu consciente no solo fértil de seu subconsciente.
- Seu subconsciente tem controle total sobre as funções de seu corpo.

Os sintomas de quase toda doença podem ser induzidos em uma pessoa pela sugestão hipnótica. Por exemplo, uma pessoa hipnotizada pode desenvolver temperatura elevada, rosto corado ou calafrios de acordo com a natureza da sugestão feita. Você pode sugerir à pessoa que ela está paralisada e não consegue andar, e isso vai acontecer. Você pode erguer um copo de água gelada embaixo do nariz da pessoa hipnotizada e dizer a ela: "Isto está cheio de pimenta, cheire!" Ela vai espirrar violenta e repetidamente. O que você acha que fez com que ela espirrasse? A água ou a sugestão?

Se alguém diz ter alergia a determinada planta, você pode botar uma flor sintética ou um copo vazio diante de seu nariz, quando ele está em estado hipnotizado, e dizer a ele que é essa planta. Ele vai desenvolver seus sintomas alérgicos habituais. Isso nos mostra que a causa dos sintomas está no subconsciente. A cura desses sintomas também acontece no subconsciente.

Diferentes escolas de medicina, como osteopatia, quiropraxia, *chi gong*, acupuntura e naturopatia, todas produzem curas notáveis. Assim como ritos e cerimônias de várias crenças religiosas em todo o mundo. É óbvio que todas essas curas ocorrem através do subconsciente, o único curador que existe.

Perceba como o subconsciente cura um corte em seu dedo. Ele sabe exatamente como fazer isso. O médico faz um curativo na ferida e a natureza a cura. Mas a natureza não é nada mais do que outro nome para a lei natural — a lei do subconsciente. O instinto de autopreservação é a primeira lei da natureza, e a autopreservação é a principal função do subconsciente. Seu instinto mais forte é a mais potente de todas as autossugestões.

Descarregue sua bagagem emocional

O dr. John E. Sarno, best-seller do *New York Times* e autor de *Dor nas costas: conexão corpo e mente — descubra a verdadeira origem da sua dor e como curá-la*, defende que aproximadamente 85% das dores nas costas e 78% das dores de cabeça não têm uma causa biológica identificável. O dr. Sarno tratou milhares de pacientes com dor nas costas que não apresentavam nenhum sinal de anormalidade estrutural através de imagens médicas (como raios x) que pudessem resultar na dor.

Na grande maioria de pacientes com dor nas costas, a dor é autoinfligida. Ela é disparada por fatores emocionais que aumentam a tensão muscular e reduzem o fluxo sanguíneo para certas áreas do corpo. O dr. Sarno se refere a essa condição médica como síndrome da miosite tensional (TMS, na sigla em inglês). Ela é a representação física de uma emoção reprimida.

Segundo o dr. Sarno, a TMS é um mecanismo de defesa para nos proteger contra a dor emocional. A dor física distrai nossas mentes de uma dor emocional mais profunda sobre a qual podemos achar não termos nenhum controle. Em vez de lidar com as situações ou emoções difíceis, pessoas com TMS infligem dor física em si mesmas, uma dor sobre a qual elas subconscientemente acreditam ter mais controle. Elas então ocupam suas mentes na busca de soluções para sua dor física através de remédios, cirurgias, fisioterapia e outras intervenções. O dr. Sarno observa que em muitos pacientes, quando a dor é aliviada em uma área do corpo, ela se move para outras áreas, da região lombar para o pescoço ou os ombros, por exemplo.

Ele acredita que outros problemas médicos podem servir ao mesmo objetivo que a TMS: nos distrair de nossa dor emocional. Ele fornece a seguinte lista das mais comuns:

- Acne.
- Asma.
- Constipação ou diarreia crônicas.
- Tontura.
- Eczemas.

- Urinar frequentemente.
- Rinite alérgica.
- Dores de cabeça.
- Urticária.
- Indigestão.
- Psoríase.
- Zumbido nos ouvidos.

Se você tem um problema de saúde crônico e seu médico não consegue encontrar a causa, talvez você esteja lidando com uma situação frustrante ou dor emocional enterradas tão fundo que não tem consciência delas. Examine sua vida e seus sentimentos com atenção fazendo o seguinte inventário emocional. Em uma folha de papel, escreva qualquer emoção da lista a seguir que se aplique a você:

- Amargura.
- Ansiedade, preocupação.
- Baixa autoestima.
- Culpa.
- Decepção.
- Frustração, impotência.
- Medo.
- Raiva, ressentimento.
- Solidão.
- Tristeza.
- Vergonha.

Se você marcou pelo menos uma das emoções da lista, você tem trabalho a fazer. Primeiro, precisa encontrar a fonte da emoção, que pode ser uma situação com a qual você está lidando no momento, algo que aconteceu no passado ou preocupação com algo que sequer aconteceu. Então, é preciso tomar uma atitude para liberar essa emoção. Você normalmente tem três escolhas:

- Consertar (resolver o problema).
- Terminar (como em uma relação tóxica).
- Se libertar (tomar a decisão consciente de não deixar que ela tenha impacto em sua vida).

A atitude que você precisa tomar varia com base na emoção e na causa dela. Se você sente culpa, por exemplo, pode precisar se desculpar com a pessoa que sente ter magoado e restituí-la de alguma forma. Se você está com raiva ou ressentido em relação a algo que sofreu no passado, pode precisar perdoar a parte culpada. Aferrar-se à raiva provavelmente vai lhe causar mais mal do que à outra pessoa. De certa forma, todo perdão é um perdão a si mesmo, pois ele libera o fardo da raiva e da amargura. Quando você perdoa alguém, está se libertando de uma bagagem emocional negativa.

Como eu me curei

A evidência mais convincente que qualquer um pode ter do poder curativo do subconsciente é uma cura pessoal. Na metade da minha vida, desenvolvi um câncer de pele maligno. Fui aos melhores médicos, que tentaram os tratamentos mais avançados que a ciência médica podia oferecer. Nenhum deles ajudou. O câncer piorou progressivamente.

Então, um dia, um clérigo com um profundo conhecimento psicológico me explicou que meu subconsciente tinha criado e modelado todo o meu corpo a partir de uma minúscula célula original. Ele disse que, como meu subconsciente havia feito meu corpo, ele também podia recriá-lo e curá-lo de acordo com o padrão perfeito em seu interior.

O clérigo apontou para seu relógio e disse:

— Uma pessoa fez isso. Mas, antes que o relógio pudesse se tornar uma realidade objetiva, o relojoeiro teve que ter a ideia dele com clareza em sua mente. Se por alguma razão o relógio parasse de funcionar como devia, a ideia que o relojoeiro tinha dele ia lhe dar o conhecimento de que precisava para consertá-lo.

Eu entendi o que ele estava tentando me dizer com essa analogia. A inteligência subconsciente que criou meu corpo era como o relojoeiro. Ela sabia exatamente como curar, restaurar e dirigir todas as funções e processos dele. Mas, para fazer isso de forma adequada, eu tinha de dar a ela a ideia perfeita de saúde. Isso funcionaria como causa, e o efeito seria uma cura.

Eu formulei uma afirmação muito simples e direta:

> Meu corpo e todos os seus órgãos foram criados pela inteligência infinita em meu subconsciente. Ela sabe como me curar. Sua sabedoria formou todos os meus órgãos, tecidos, músculos e ossos. Essa presença curativa infinita dentro de mim agora está transformando todas as células de meu ser, tornando-me inteiro e perfeito. Agradeço pela cura que sei que está acontecendo agora. Maravilhosas são as obras da inteligência criativa dentro de mim.

Eu repetia essa afirmação simples em voz alta por cerca de cinco minutos duas ou três vezes por dia. Depois de aproximadamente três meses, minha pele estava inteira e perfeita. O tumor maligno havia desaparecido. Meu médico ficou desconcertado, mas eu sabia o que tinha acontecido. Eu havia apresentado padrões revigorantes de totalidade, beleza e perfeição para meu subconsciente. Esses expulsaram as imagens e padrões de pensamento negativos alojados em meu subconsciente, que eram a causa de todo o meu problema.

Nada aparece em seu corpo sem que o equivalente mental esteja primeiro em sua mente. Ao mudar sua mente enchendo-a com afirmações incessantes, você muda seu corpo.

Essa é a base de toda a cura.

Graças à consciência universal, o poder de curar — a presença curativa infinita — está disponível para você. Apenas sinta esse poder em seu interior, crie uma mensagem utilizando-o e libere-a. A consciência universal escuta e aceita sua mensagem. Isso pode parecer difícil de acreditar e eu também tive problemas com a ideia no início. Mas depois de ter minha experiência de cura, que eu discuti com um médico, isso começou a fazer sentido. Sei que a consciência universal existe; minha mente e meu corpo são manifestações dela. A cura, como possibilidade abstrata, existe e, portanto, eu tenho o poder de acessá-la com meu subconsciente. Posso utilizá-la, afirmá-la e liberá-la na consciência maior, onde ela é afirmada outra vez. O provérbio antigo diz: "O médico faz o curativo na ferida, a natureza a cura."

Histórias de transformação

Joe Dispenza se curou de lesões na medula espinhal depois de um acidente sério de bicicleta que o deixou com paralisia. Em vez de se submeter à cirurgia radical na coluna que seus médicos recomendavam, ele decidiu usar o poder da consciência universal para reparar sua espinha. Deixou o hospital e passou seis semanas reconstruindo sua coluna, pedaço por pedaço, em sua mente, seguindo uma planta mental que ele tinha formado ali. Ele também visualizava o dia em que ia conseguir deixar a cadeira de rodas e caminhar outra vez. Em dez semanas, ele sentiu a transformação em seu corpo conforme o movimento retornou aos poucos a seus membros.

Agora o dr. Dispenza trata seus pacientes ensinando-os a usar o poder do subconsciente para curarem a si mesmos. Recomendo muito que você visite seu site (drjoedispenza.com), vá até "Stories of Transformation" [Histórias de transformação]* e assista a pelo menos dois vídeos de pacientes que puseram seu treinamento em prática. Suas histórias são realmente inspiradoras, e elas revelam o poder incrível da mente subconsciente para curar o corpo e restaurar a saúde e as funções.

Para mais vídeos, vá ao YouTube e pesquise "dr. Dispenza".

Sua história

Ao botar em prática o que aprender neste livro, você vai começar a experimentar os benefícios por si mesmo. Ao fazer isso, escreva sua própria história de como o poder do seu subconsciente melhorou sua vida de algum modo. Você usou o poder para curar uma doença, conseguir algo que sempre quis, atingir um objetivo, otimizar seu desempenho, estabelecer relacionamentos satisfatórios? Documente sua experiência e compartilhe com outras pessoas.

---

* O conteúdo do site está em inglês.

Capítulo 7
GANHE MUITO DINHEIRO

Para atrair dinheiro, você deve se concentrar em riqueza. É impossível trazer mais dinheiro para sua vida quando você está percebendo que não tem o bastante, porque isso significa que está pensando sobre não ter *o suficiente.*

— Rhonda Byrne, autora de *O segredo*

VOCÊ TEM O DIREITO FUNDAMENTAL DE ser rico. E está aqui para levar uma vida abundante; para ser feliz, radiante e livre; para crescer, se expandir e se abrir espiritual, mental e materialmente. Você deve, portanto, ter todo o dinheiro de que precisa para levar uma vida plena, feliz e próspera e se cercar de beleza e luxos. Por que ficar satisfeito com apenas o suficiente para sobreviver quando você pode desfrutar das riquezas abundantes do seu subconsciente?

Neste capítulo, você vai aprender a fazer amizade com o dinheiro. Depois que fizer isso, sempre vai ter tudo de que precisa e mais. Não deixe que ninguém faça você sentir vergonha de seu desejo de ser rico. Em seu nível mais profundo, esse é um desejo de uma vida mais completa, alegre e farta. É um anseio cósmico.

O dinheiro é uma construção mental

O dinheiro é um símbolo de troca. É um símbolo não apenas da liberdade de querer, mas de beleza, refinamento, abundância e luxo. Também é um símbolo da saúde econômica da nação. Quando seu sangue está circulando livremente em seu corpo, você está saudável. Quando o dinheiro está circulando em sua vida, você é rico, economicamente saudável. Quando alguém começa a acumular dinheiro por ser pão-duro ou porque teme perdê-lo, o fluxo de caixa fica mais lento ou até para, deixando-o com problemas financeiros e moralmente falido. Afinal de contas, para que serve o dinheiro se não para aumentar a saúde, a felicidade e a realização e fazer do mundo um lugar melhor?

Como símbolo, o dinheiro assumiu muitas formas ao longo dos séculos. Quase qualquer coisa que você possa pensar serviu como dinheiro em alguma época e lugar na história — ouro e prata, é lógico, mas também sal, contas e quinquilharias de diversos tipos. Agora usamos dinheiro em papel, moedas, cheques e moedas digitais. Seja qual for a forma que ele assuma, o dinheiro é construído primeiro na mente e depois tornado real no mundo físico. Ele é uma construção mental.

Para se tornar rico, primeiro construa a ideia de riqueza em sua mente. Imagine-se rico. Como isso parece para você? Onde você está morando? O que você está fazendo e com quem? Como você se sente quando tem tudo o que sempre quis e mais? Como seus amigos e familiares reagem a seu sucesso financeiro? Tire algum tempo para botar sua visão em palavras. Descreva sua experiência imaginada de ser rico.

Pense rico, seja rico

Assim que você entende o poder do subconsciente, tem a seu alcance a chave para todo tipo de riqueza — saúde, bens materiais, grandes amigos, talentos, conhecimento, sabedoria e mais. Todas as pessoas que se deram ao trabalho de aprender as leis da mente sabem que nunca vão ser pobres sob nenhum aspecto. Podem vir crises econômicas, flutuações na bolsa de valores, recessões, greves, inflação galopante ou mesmo guerras, e elas sempre estão muito bem supridas.

Elas levam uma vida de abundância porque transmitiram a ideia de riqueza para o subconsciente delas. Como resultado, seu subconsciente as mantém abastecidas mesmo quando aqueles ao redor delas estão vivendo em escassez. Elas se convenceram, em suas mentes, que o dinheiro vai sempre fluir livremente em suas vidas e que sempre há um saldo positivo. Quando se decreta isso, acontece. Se a economia entrar em colapso amanhã e tudo o que elas possuem perder o valor, essas pessoas vão continuar atraindo riqueza. Vão passar pela crise confortavelmente e talvez até se beneficiem dela.

Por que a maioria das pessoas não tem dinheiro

Ao ler este capítulo, você pode estar pensando: "Eu mereço mais dinheiro do que tenho." Em minha opinião, isso é verdade para a maioria das pessoas. Elas realmente merecem ter mais, mas é improvável que consigam. Uma das razões mais importantes para essas pessoas não terem mais dinheiro é que elas o condenam em silêncio ou abertamente. Elas se referem ao dinheiro como "lucro sujo". Dizem aos filhos e aos amigos que "o dinheiro é a raiz de todos os males". Talvez até acreditem na falsa ideia de que ser pobre é uma virtude. Não é. Você pode fazer muito mais o bem se for rico do que se for pobre. Em geral são os ricos que erguem empresas que dão oportunidades para os pobres. Na maioria das vezes, são os ricos que montam organizações para ajudar os pobres. Você não é melhor nem pior por ter muito ou pouco dinheiro.

Faça um inventário de seus pensamentos e emoções sobre o dinheiro. Quantas das afirmações a seguir você acredita serem verdade?

- O dinheiro é a raiz de todo mal.
- O dinheiro não compra felicidade.
- É melhor ser pobre e feliz do que rico e triste (como se essas fossem as duas únicas opções).
- Os ricos ficam cada vez mais ricos, e os pobres, cada vez mais pobres.
- Odeio dinheiro.
- Dinheiro é uma maldição.
- Se quiser ser rico, precisa nascer rico.
- Pessoas ricas são imorais ou antiéticas.
- Não vou fazer o que for preciso para ser rico. (Sugerindo que o único jeito de ganhar dinheiro é fazer o mal e tirar vantagem de outras pessoas.)
- Pessoas ricas são gananciosas.

Se você concordou com qualquer uma dessas frases, a primeira coisa a fazer é inverter seu pensamento sobre dinheiro. Aqui há algumas afirmações positivas que podem ajudar (escolha uma delas ou mais e repita-as várias vezes por dia):

- Dinheiro é um meio para a oportunidade e para a autorrealização.
- O dinheiro me permite levar uma vida de abundância.
- Posso ajudar mais pessoas se eu for rico do que se for pobre.
- A riqueza é produzida pela mente humana.
- Há bastante dinheiro para todo mundo. Não preciso pegar dinheiro de outra pessoa.
- O dinheiro vem a mim com facilidade.
- Sou um ímã de dinheiro.

- Ser rico é uma sensação maravilhosa.
- Sou grato por ter liberdade financeira.

Não pense em dinheiro em termos de acumular e ser rico. Pense no que é possível realizar com ele, as experiências que você pode pagar para ter, as pessoas que você pode ajudar, o bem que você pode fazer e como pode usá-lo para se desenvolver e se expressar. Dinheiro não é um objetivo. Não é um fim para se almejar. É um meio para chegar a um fim. Ele não é bom nem mau; depende da forma como é usado.

Elimine de sua mente todas as crenças negativas sobre dinheiro. Nunca o veja como mau ou sujo. Você não pode atrair o que critica. Se criticar o dinheiro, ele vai fugir de você.

Não é necessário trabalhar demais

Se está passando por dificuldades financeiras e se desdobrando para fechar as contas, você não convenceu seu subconsciente de que você sempre vai ter dinheiro de sobra. Isso não significa que é preciso trabalhar oitenta horas por semana. Sim, muitas pessoas trabalharam demais a vida inteira para ficar ricas, mas algumas ganham tanto ou mais trabalhando menos horas por semana. Os que se esforçam mais são aqueles que convenceram a si mesmos de que o sucesso financeiro exige o máximo de seu tempo e energia.

Não acredite que o único jeito de ficar rico é trabalhando demais. Não é assim; o estilo de vida sem esforço é o melhor. Faça o que você ama fazer, e vai parecer que não está fazendo esforço nenhum. Espere e aceite as riquezas que vêm de fazer o que você ama, aquilo que você faz bem. Confie no subconsciente para trazer a riqueza e a abundância merecida pelo que motiva você.

Conheço um executivo em Los Angeles que ganha centenas de milhares de dólares por ano. No ano passado, ele fez um cruzeiro de nove meses para ver o mundo e visitar alguns dos lugares mais bonitos do planeta. Ele me disse que havia conseguido convencer seu subconsciente de que ele vale muito dinheiro. Contou que há pessoas em sua empresa ganhando um décimo do seu salário que têm mais conhecimento do que ele sobre o negócio e provavelmente poderiam geri-lo melhor. Entretanto, elas não têm ambição nem ideias criativas. Não aproveitam o poder do subconsciente delas.

Não inveje o que os outros têm

A inveja é uma emoção negativa que expressa escassez em sua própria vida. Por exemplo, se você tiver inveja de um amigo que tem roupas melhores e os produtos eletrônicos mais modernos, passa férias nos lugares mais extravagantes e se diverte mais do que você, estará admitindo a falta disso tudo em sua própria vida. Seu pensamento provavelmente vai afastá-lo das coisas que inveja e encaminhá-las para seu amigo.

Em vez de invejar, fique feliz por aqueles que vivem em abundância e seja grato por tudo o que tem. Não se compare com os outros. Sempre vai haver alguém com mais ou com menos dinheiro do que você, alguém em posição mais alta ou mais baixa, alguém com mais amigos do que você ou com menos, alguém mais talentoso do que você ou que não é nem de longe tão talentoso. Empregue seu consciente e seu subconsciente em propósitos mais produtivos e cultive emoções positivas de amor, alegria e apreço. Concentre sua mente em uma vida mais plena para si mesmo.

Dinheiro e uma vida equilibrada

Uma vez um homem me abordou e disse: "Estou falido. Mas está tudo bem. Não gosto de dinheiro. Ele é a raiz de todo mal." Essas frases representam o pensamento de uma mente neurótica e confusa. Você está aqui para aproveitar a vida plenamente e alcançar a autorrealização, e viver em um ambiente de abundância, prazer e autorrealização. Ninguém que pensa com clareza rejeitaria toda essa bondade.

No entanto, o amor pelo dinheiro excluindo todo o resto vai fazer você ficar descompensado e desequilibrado. Se você está determinado exclusivamente a ganhar dinheiro e afirma "Dinheiro é tudo o que quero. Vou me dedicar totalmente a acumular riqueza; mais nada importa", pode conseguir dinheiro e ganhar uma fortuna. Mas a que custo? Você se esqueceu de sua missão: levar uma vida plena. Sua busca por dinheiro é apenas um objetivo secundário para atingir seu propósito primário, a autorrealização.

Você não ia precisar de dinheiro se alguém lhe desse tudo de que precisa para cumprir sua missão. Na verdade, algumas pessoas levam vidas plenas sem dinheiro, ou sem muito dinheiro, através de uma troca mais direta de bens e serviços. Elas podem cuidar de uma propriedade em troca de comida e um lugar onde morar. Podem trabalhar em um iate para satisfazer o desejo de viajar pelo mundo. Podem trabalhar como aprendizes em troca de educação. Podem, como influenciadores digitais, trocar sua popularidade por produtos e serviços valiosos. Elas podem desenvolver relacionamentos mutuamente benéficos com amigos ricos que financiem seus sonhos e estilo de vida desejados. A única diferença, quando dinheiro está envolvido, é que ele serve como um meio de troca menos direto.

Se você escolher um meio de troca direto ou indireto, mantenha seu foco em sua missão maior: levar uma vida plena e realizada.

Pessoas que têm como único propósito ganhar dinheiro em geral ficam extremamente decepcionadas quando atingem esse objetivo. Logo descobrem, depois de todos os seus esforços, que dinheiro não era tudo de que precisavam. Ninguém no leito de morte deseja ter passado mais tempo ganhando dinheiro. Elas também precisam de relacionamentos amorosos, trabalho recompensador, experiências memoráveis e a alegria de contribuir para o sucesso e o bem-estar de outras pessoas. Não se concentre apenas no dinheiro. Concentre-se no que você vai fazer com esse dinheiro e em como ele vai melhorar sua vida e a de outras pessoas.

Ao aprender as leis do seu subconsciente, você pode ter um milhão de dólares ou muitos milhões, se isso é o que você quer, e ainda ter todo o resto que quer para viver uma vida plena e alcançar um alto nível de autorrealização.

Desenvolvendo a atitude certa em relação ao dinheiro

Aqui há uma técnica simples que você pode usar para atrair dinheiro. Repita as frases a seguir várias vezes por dia:

> Eu amo dinheiro. Com dinheiro suficiente, posso ser, fazer e ter tudo o que quero. O dinheiro me permite atingir níveis mais altos de autorrealização e ajudar outras pessoas. Eu o uso com sabedoria e de forma construtiva. O dinheiro está sempre circulando em minha vida. Eu o libero com alegria, e ele retorna para mim multiplicado de um jeito maravilhoso. O dinheiro flui para mim em ondas de abundância. Sou grato por viver uma vida tão rica e maravilhosa.

Como ganhar mais dinheiro no trabalho

Muitas pessoas ganham menos em seus empregos porque têm uma atitude negativa em relação ao trabalho, ao chefe, ao supervisor ou a si mesmas. Por exemplo, vamos supor que você tem um emprego de meio expediente, você sente estar sendo mal pago e acredita que seu supervisor não o respeita nem gosta do trabalho que você faz. Esses pensamentos provavelmente levam a sentimentos de amargura e ressentimento. Eles vão ter impacto negativo em sua produtividade e seus relacionamentos, não apenas com seu supervisor direto, mas também com seus colegas de trabalho e talvez até com os clientes.

Ao se colocar em oposição mental a seu empregador, você está subconscientemente cortando seus laços com a empresa. Está colocando um processo em movimento. Dependendo do nível do impacto negativo que você tem, o processo pode levar a sua demissão, o que provavelmente aprofundaria seus sentimentos de amargura e ressentimento. E como você poderia culpar seu supervisor ou seu patrão? Basicamente, você demitiu a si mesmo. Seu supervisor foi apenas um instrumento que seu estado mental negativo usou para se manifestar em sua vida.

Para ganhar mais, torne-se mais valioso para seu empregador ou mais atraente para outros possíveis empregadores mantendo uma atitude positiva. Comece se sentindo bem consigo mesmo e com o trabalho que você faz. Então estenda sua atitude positiva para todo mundo com quem você interage no trabalho: executivos, gerentes, colegas de trabalho, clientes e vendedores. Procure maneiras de melhorar o negócio e faça com que as pessoas ao seu redor tenham mais sucesso.

Ao aumentar seu valor para o patrão, não hesite em pedir a compensação que você merece. Nunca aceite menos do que sabe que vale. E se seu atual empregador não pagar o que você merece, vá atrás de outras opções — outros empregadores no mesmo ramo. Ou abra sua própria empresa. Ou invente um produto ou serviço novo.

O que é mais importante é que mantenha uma mentalidade positiva e utilize sua mente subconsciente para encontrar o caminho para a riqueza que você deseja e merece. Se ficar com raiva ou desestimulado, você só vai minar seus esforços para avançar.

Proteja seus investimentos

Se você está procurando orientação em relação a investimentos ou se está preocupado com suas ações ou títulos, diga em voz baixa o seguinte:

A inteligência infinita administra todas as minhas transações financeiras. Posso investir no que quiser que vou prosperar.

Se fizer isso com frequência, com certeza vai ser levado a fazer investimentos sábios. Você também vai estar protegido de perda, porque vai ser estimulado a vender qualquer papel ou ativo de alto risco antes que eles percam valor.

Você não pode conseguir alguma coisa a troco de nada

Em grandes lojas, câmeras e outros equipamentos de segurança são instalados para monitorar consumidores e impedir furtos. Quase todo dia esses sistemas de segurança pegam pessoas tentando conseguir alguma coisa a troco de nada. Qualquer um que faça isso mergulha em uma atmosfera mental de falta e limitação. Ao tentar roubar dos outros, elas estão roubando a própria paz, harmonia, fé, honestidade, integridade, boa vontade e confiança.

Criminosos não entendem nem apreciam o poder de seus subconscientes. Eles não têm confiança na fonte de um suprimento infinito. Se reivindicassem mentalmente os poderes de sua mente subconsciente e reconhecessem que são guiados por sua verdadeira expressão, eles encontrariam trabalho honesto e fartura. Então, ao viver com honestidade, integridade e perseverança, eles iam se tornar uma autoridade para si mesmos e para a sociedade em geral.

Ser preguiçoso é outra forma de roubo. Não espere receber algo a troco de nada. Ao enriquecer sua própria vida e desenvolver sua inteligência, talentos e habilidades, contribua com o mundo ao seu redor. Contribuir não significa apenas doar dinheiro, bens materiais ou seu tempo. Isso também pode envolver qualquer coisa que você faça que preencha sua vida e enriqueça a vida de outras pessoas, como instalar e consertar ares-condicionados; ser um ótimo cantor, dançarino, ator ou atleta; aprender a tocar um instrumento musical; ou inventar um dispositivo que poupe tempo. Só não fique sentado o dia inteiro repetindo os benefícios das realizações de outras pessoas.

Sua fonte constante de dinheiro

O caminho para a liberdade, o conforto e um suprimento ilimitado está em reconhecer os poderes do seu subconsciente e o poder criativo de seu pensamento ou imagem mental. Aceite e espere abundância em sua própria mente. Sua aceitação e expectativa mentais de riqueza são o primeiro passo na direção de trazer isso para sua vida. Ao entrar no clima da opulência, todas as coisas necessárias para a vida próspera vão acontecer. Deixe que esta seja sua afirmação diária; grave em seu coração:

> Eu tenho as riquezas infinitas do meu subconsciente. É meu direito ser rico, feliz e bem-sucedido. O dinheiro flui para mim de forma livre, abundante e infinita. Sou sempre consciente de meu verdadeiro valor. Eu doo meus talentos livremente, e sou abençoado financeiramente. A vida é incrível!

Capítulo 8
SEJA CONFIANTE: SUPERE A TIMIDEZ E O MEDO

A mente é uma onda no oceano do Ser.
— Maharishi Mahesh Yogi, mestre espiritual

O MAIOR OBSTÁCULO QUE A MAIORIA das pessoas encontra no caminho para a saúde, a riqueza, o sucesso e a autorrealização é a falta de confiança. E nada é um produto tão óbvio da mente quanto a confiança. Confiança é uma escolha. Você pode escolher ser temeroso, tímido e apreensivo ou confiante, corajoso e ousado. Todas essas são emoções totalmente sob seu controle.

- Faça uma lista das dez pessoas mais confiantes que você conhece.
- Faça outra lista das dez pessoas mais bem-sucedidas que você conhece.
- Dê uma olhada nas listas. É bem provável que as duas tenham muitos nomes em comum.

Pessoas confiantes são bem-sucedidas, e pessoas bem-sucedidas tendem a ser as mais confiantes. Confiança constrói sucesso, e sucesso constrói confiança. Mas, para atingir o sucesso, você precisa ter pelo menos confiança para tentar.

Se você não tem autoconfiança, está perdendo oportunidades para ser bem-sucedido e alcançar a realização. Está aceitando da vida menos do que merece e está escondendo das pessoas tudo de único que tem a oferecer. Este capítulo vai ajudá-lo a utilizar o poder do seu subconsciente para construir confiança e superar o medo e a timidez.

Superando o medo de falar em público

Um de meus alunos foi convidado a falar no banquete anual de sua associação profissional. Ele me disse que sentia pânico ao pensar em falar diante de uma plateia de mil pessoas, muitas das quais influentes na sua área. Ele superou o medo da seguinte maneira: por várias noites se sentou calmamente em uma poltrona por cerca de cinco minutos. Dizia para si mesmo devagar, baixo e com convicção:

> Tenho confiança em meu conhecimento e capacidade. Estou preparado para fazer uma apresentação excelente e responder até às perguntas mais desafiadoras. Falo com equilíbrio e confiança. Estou relaxado e tranquilo.

Ao repetir essa afirmação, ele convenceu o subconsciente a aceitá-la. Ela se tornou a realidade dele em sua mente, onde ficou pronta para se manifestar em sua realidade física. Quando chegou a hora desse meu aluno falar, ele superou o medo e teve êxito na apresentação.

O subconsciente é sensível à sugestão. Ele é controlado por sugestões. Quando você pausa sua mente e relaxa, os pensamentos do consciente penetram no subconsciente. Quando essas sementes positivas de pensamento penetram profundamente no subconsciente, florescem e produzem uma colheita abundante.

Seu maior inimigo

Em meio à Grande Depressão, em seu discurso de posse à nação, o presidente norte-americano Franklin Delano Roosevelt disse: "Deixem-me afirmar minha crença forte de que a única coisa que devemos temer é o próprio medo, o terror inominável, irracional e injustificado que paralisa os esforços necessários para converter recuo em avanço."

É verdade. A única coisa que devemos temer é o próprio medo. Medo é a causa original de fracasso, doença, guerra e falta de progresso. Milhões de pessoas vivem com medo, e seus medos em geral são infundados. Elas temem aquilo que não aconteceu — fracasso em potencial, doença, velhice, pobreza, fome, guerra e morte. Como resultado, não conseguem tirar o máximo do presente nem aproveitar plenamente suas vidas. Pior ainda, o medo pode levar ao pânico, e o pânico quase sempre resulta em ações irracionais que podem piorar uma situação.

Medo bom, medo ruim

Medo não passa de um pensamento disparado por uma ameaça real ou imaginária. Por exemplo, se você está caminhando por uma trilha na floresta e de repente vê uma onça andando em sua direção, provavelmente vai sentir medo, que dispara uma resposta de lutar, fugir ou congelar. Você basicamente tem três escolhas: lutar com a onça, fugir dela ou permanecer imóvel, esperando que ela não o ataque. Essa sensação de medo é boa, na maioria das vezes — ela é parte de seu mecanismo biológico de autodefesa.

Entretanto, medos infundados podem provocar angústia mental desnecessária. Por exemplo, uma criança pequena pode ficar paralisada de medo quando um irmão diz que há um monstro embaixo da cama que vai agarrá-la à noite quando ela dormir. Mas, quando os pais acendem a luz e mostram que não há nenhum monstro, a criança é libertada do medo. O medo na mente da criança era tão real como se houvesse um monstro embaixo da cama, mas a fonte do medo é fictícia. Não havia monstro com o qual lutar ou do qual fugir, nenhuma razão para congelar de medo. A resposta eficaz foi corrigir a falsa crença da criança apresentando a verdade.

Um bebê recém-nascido tem apenas dois medos básicos: o medo de cair e o medo de barulhos altos repentinos. Esses medos são normais. Eles servem como uma espécie de sistema de alarme dado a você pela natureza como um meio de autopreservação. O medo normal é bom. Você escuta um automóvel descendo a rua em sua direção e sai do caminho para evitar ser atingido. O medo momentâneo de ser atropelado leva você a sair do caminho para permanecer seguro.

Todos os outros medos são anormais, geralmente ensinados a nós por pais, familiares, professores e outras pessoas bem-intencionadas que têm elas mesmas medos irracionais.

Documente seus medos

Siga estes passos para criar um inventário de seus medos e poder começar a desenvolver um melhor entendimento sobre eles:

1. Em uma folha de papel, crie uma tabela de quatro colunas com os seguintes títulos:

    - Medo.
    - Fonte.
    - Minha reação.
    - Impacto em minha vida.

2. Na coluna "Medo", liste seus maiores medos ou os mais perturbadores e autolimitantes. Aqui está uma lista para você começar a pensar quais podem ser seus medos:

- Medo do fracasso.
- Medo de rejeição.
- Medo de mudança.
- Medo do palco ou medo de falar em público.
- Medo da solidão ou do abandono.
- Fobia social.
- Medo de contrair uma doença.
- Medo de contrariar ou decepcionar alguém.
- Medo de morrer.
- Medo de avião.
- Medo de compromisso.
- Medo de dor.

3. Na segunda coluna, descreva a fonte de seu medo — a pessoa, lugar, coisa ou evento que causam esse sentimento. Observe se é uma ameaça real ou antecipada — algo que você está preocupado que vá acontecer no futuro.

4. Na terceira coluna, descreva como você está respondendo à ameaça ou como planeja responder. Pense em sua ação em termos de lutar, fugir ou congelar. Você está enfrentando seu medo, evitando-o ou é incapaz de agir porque não tem certeza do que fazer?

5. Na quarta coluna, descreva como o medo e/ou sua reação a ele está impactando sua vida. Ele está desestimulando você a fazer ou almejar algo que possa beneficiá-lo, algo de que você poderia gostar? Se você agiu em relação ao medo, sua ação deixou a situação melhor ou pior, e de que jeito?

Desafie seus gatilhos de medo

O medo pode ser difícil de identificar. Ele começa como medo e em pouco tempo se transforma em raiva, que é como um dispositivo de ocultação futurista do medo. Ele faz com que você pense estar com raiva em relação a uma coisa quando o que realmente está acontecendo é que você está com medo de alguma coisa. Além disso, uma grande fonte de medo é a ignorância, especialmente quando você está convencido de que sabe alguma coisa quando não sabe a verdade de fato. Então, quando sente medo, é fácil chegar a conclusões precipitadas, supor o pior e reagir com exagero. É importante entender bem o que está acontecendo, de modo que você possa tomar decisões racionais.

Por exemplo, recentemente encomendei uma *soundbar* para minha TV de tela plana por 250 dólares e recebi um e-mail de confirmação da empresa. Depois de duas semanas, a *soundbar* ainda não tinha chegado. Entrei no site da empresa e liguei para o número de telefone indicado. Liguei aproximadamente dez vezes durante os dias seguintes em diferentes horários a cada dia, e o número estava sempre ocupado. Cliquei em um link no site para entrar em contato com o suporte ao cliente por e-mail e pedi uma atualização do meu pedido. Meu e-mail voltou com uma indicação de que o endereço que eu estava usando estava errado.

Comecei a ficar irritado, mas então me dei conta de que a fonte da minha raiva na verdade era o medo. Eu tinha medo de perder meu dinheiro e não receber o produto que havia comprado. Meu medo me levou a acreditar que eu estava sendo enganado, o que me deixou com raiva. Entretanto, não era possível saber se eu estava sendo enganado. Tanto meu medo quanto minha raiva eram resultado de minha ignorância — o fato de eu não saber o que realmente estava acontecendo com meu pedido e não ter certeza de que a empresa era honesta.

Meu primeiro impulso foi denunciar a empresa para a operadora do cartão de crédito e para a defesa do consumidor, mas então percebi que o endereço do e-mail em que recebi minha confirmação de pedido era diferente do endereço de e-mail no link em que eu tinha clicado no site da empresa. Então tentei entrar em contato com a empresa outra vez respondendo ao e-mail de confirmação que eu havia recebido depois de fazer minha compra. Eu escrevi o seguinte:

> Por favor, gostaria que vocês atualizassem a situação do pedido nº 14283737006 9090-1275. Tentei ligar para o telefone disponível no site, mas está sempre ocupado, e o endereço de e-mail que está no site dá erro. Não conseguir entrar em contato com vocês me faz sentir como se estivesse sendo enganado. Por favor, me avisem quando receberem esse e-mail e apresentem uma atualização do pedido para me tranquilizar.

Em 24 horas, recebi a seguinte resposta:

> Obrigado por informar sobre os problemas com o e-mail e o telefone. Verifiquei com o estoque e eles disseram que a produção da *soundbar* está três semanas atrasada. Peço desculpas pelo atraso. Entre o recesso de festas e questões de fornecimento, a produção está demorando mais que o normal. Avise-me se não puder esperar e eu posso cancelar o pedido e estornar o valor pago.

Fiquei feliz por não ter tido uma reação exagerada e escrito uma mensagem raivosa, nem tomado uma atitude que pudesse prejudicar a empresa junto com a operadora de cartão de crédito ou com a defesa do consumidor. Eu teria me sentido mal se tivesse feito isso. Três dias depois de ter escrito para a empresa, recebi a *soundbar* que tinha comprado, e ela era exatamente o que eu queria.

Uma grande fonte de medo e raiva é a ignorância. Sempre que você sente medo ou raiva, pergunte a si mesmo "O que eu acho que sei?", e então pergunte a si mesmo "O que eu acho que sei é verdade ou estou apenas supondo o pior?". Se você não sabe exatamente o que pensa saber, é hora de fazer um pouco de investigação para descobrir a verdade. Muitas vezes, o medo pode ser aliviado simplesmente fazendo as perguntas certas para as pessoas certas e esclarecendo qualquer mal-entendido.

Faça o que você teme

O filósofo e poeta do século XIX Ralph Waldo Emerson certa vez escreveu: "Faça aquilo que você teme fazer, e a morte do medo é certa." O conselho de Emerson é a base para psicoterapias como a terapia de exposição e a terapia de imersão. Há até uma versão da terapia de exposição que emprega o uso de realidade virtual. Na terapia de exposição, uma pessoa é gradualmente exposta a algo que teme até se sentir confortável perto disso. Por exemplo, se alguém sofre de aracnofobia (medo de aranhas), pode começar vendo fotos de aranhas, depois assistir a vídeos aos poucos até conseguir segurar uma tarântula.

Houve uma época em que eu vivia com um medo indescritível pela ideia de ficar parado em frente a uma plateia e falar. Se eu tivesse cedido a esse medo, por mais terrível que fosse, tenho certeza de que você, agora, não estaria lendo este livro. Eu nunca teria sido capaz de compartilhar com os outros o que aprendi sobre o funcionamento do subconsciente.

O jeito com que superei esse medo foi seguir o conselho de Emerson. Tremendo por dentro, fui para a frente de plateias e falei. Aos poucos, fui ficando menos temeroso até que, finalmente, estava confortável o suficiente para desfrutar do que estava fazendo. Até passei a esperar ansioso por compromissos em que precisava falar. Fiz a coisa de que tinha medo e o matei.

Quando você afirma positivamente que vai dominar seus medos e toma uma decisão definitiva no seu consciente, você libera o poder do seu subconsciente, que flui em resposta à natureza do seu pensamento.

Medo do fracasso

Muitas vezes recebo visitas de estudantes de uma universidade perto de onde moro. Uma reclamação que muitos deles compartilham é o que chamo de "amnésia sugestiva" durante as provas. Todos eles me dizem a mesma coisa: "Eu sei a matéria antes da prova e me lembro de todas as respostas depois. Mas, quando estou encarando a prova na sala de aula, minha mente fica em branco!"

Muitos de nós tiveram experiências semelhantes. A explicação está em uma das principais leis da mente subconsciente, que é esta: a ideia que se concretiza é aquela à qual prestamos mais atenção. Ao conversar com esses estudantes, percebo que eles são mais atentos à ideia de fracasso; eles têm medo de fracassar. Como resultado, é fracasso que o subconsciente torna realidade. O medo do fracasso cria a experiência do fracasso por meio de uma amnésia temporária.

Uma estudante de medicina chamada Sheila era uma das alunas mais brilhantes de sua turma. Mesmo assim, quando precisava passar por uma prova oral ou escrita, ela tinha um branco até mesmo diante das perguntas mais simples. Eu lhe expliquei a razão. Ela estava preocupada em falhar por vários dias antes da prova. Esses pensamentos negativos ficavam carregados de medo.

Pensamentos envoltos na poderosa emoção do medo são concretizados no subconsciente. Em outras palavras, essa jovem estudante estava dizendo ao subconsciente para garantir que ela fracassasse, e era exatamente isso o que acontecia. No dia da prova, ela era atacada por amnésia sugestiva.

Enquanto aprendia como funcionava seu subconsciente, Sheila descobriu que ela é uma enorme instalação de armazenamento de dados, e que contém um registro perfeito de tudo o que ela leu e ouviu durante o curso de medicina. Além disso, descobriu que seu subconsciente responde a sugestões e solicitações de forma mais eficaz quando a mente e o corpo estão em um estado relaxado, pacífico e confiante.

Toda noite e toda manhã ela imaginava seus pais parabenizando-a por seu maravilhoso desempenho acadêmico. Ela segurava na mão uma carta imaginária escrita por eles. Ao começar a contemplar esse resultado feliz, emoções positivas de orgulho e alegria se acumularam dentro dela.

Conforme Sheila continuava a estimular sua mente com pensamentos e emoções positivos, o poder onisciente e onipotente do subconsciente tomou conta. Ele ditava e dirigia sua mente consciente de forma correspondente. Ela imaginou o fim, dessa forma invocando os meios para a realização desse fim. Depois de seguir esse procedimento, ela não teve mais dificuldade para passar em suas provas. A sabedoria subjetiva do seu subconsciente assumiu e levou a seu desempenho excelente.

Medo de água

Quando eu tinha uns dez anos de idade, caí em uma piscina. Eu não sabia nadar. Agitei os braços, mas não adiantou nada. Eu me vi afundando. Ainda me lembro do horror enquanto a água me envolvia. Tentei respirar, mas minha boca se encheu de água. No último momento, outro garoto percebeu minha situação, mergulhou e me salvou. Essa experiência se enraizou no meu subconsciente. O resultado foi que por anos eu tive medo de água.

Então um dia eu mencionei esse meu medo irracional para um sábio psicólogo mais velho.

— Vá até a piscina — sugeriu ele. — Olhe para a água. Ela é apenas uma substância química feita de dois átomos de hidrogênio e um de oxigênio. Ela não tem vontade, não tem consciência. Mas você tem.

Eu assenti, me perguntando aonde aquilo ia levar.

— Quando você entender que a água é essencialmente passiva — continuou ele —, diga isso alto com uma voz forte: "Eu vou dominar você. Com os poderes da mente, eu vou dominá-la." Então entre na água. Faça aulas de natação. Use seus poderes interiores para superá-la.

Fiz o que ele disse. Depois que tomei uma nova atitude mental, o poder onipotente do subconsciente respondeu, me dando força, fé e confiança. Isso me permitiu superar meu medo, e eu dominei a água. Hoje nado todas as manhãs por saúde e por prazer.

Não conceda poder a objetos inanimados. Não permita que eles dominem você. É você quem tem a mente, então tem o poder de superar qualquer desafio físico. Só precisa empregar a mente nisso.

Usando a imaginação para superar o medo

Sua imaginação é uma ferramenta poderosa para superar o medo, porque ela permite o confronto com o medo em sua mente, sem expor seu corpo a nenhuma ameaça física. Também ajuda você a construir confiança. Conforme você tem sucesso em superar seu medo em sua mente, você aumenta sua confiança em superá-lo no mundo físico.

Suponha que você tem medo de nadar. Sente-se imóvel por cinco ou dez minutos, três ou quatro vezes por dia. Entre em um estado de relaxamento profundo. Agora imagine que está nadando. Subjetivamente, você *está* nadando. Na sua mente, você se projetou na água. Você sente o frio vivo da água e o movimento de seus braços e pernas. É tudo real e vívido — uma atividade alegre da mente.

Você não está só sonhando acordado. O que está em sua imaginação vai se desenvolver em seu subconsciente. Com o tempo, você vai se sentir levado a expressar fisicamente o que imaginou mentalmente como uma experiência tão agradável. Na próxima vez que tentar nadar, vai sentir alegria em vez de medo.

Você pode aplicar a mesma técnica para superar outros medos. Se tem medo de lugares altos, imagine fazer uma caminhada nas montanhas. Sinta a realidade disso tudo, desfrute do ar puro, das flores e da paisagem empolgante. Saiba que, ao continuar fazendo isso mentalmente, você vai passar a fazê-lo fisicamente com facilidade e conforto.

Superando o medo de andar de elevador

Jonathan era executivo de uma grande corporação. Por muitos anos, ele morria de medo de andar de elevador. Ele subia sete lances de escada toda manhã até seu escritório para evitar a viagem de elevador. Quando precisava se encontrar com pessoas de outras empresas cujos escritórios ficavam em andares mais altos, ele sempre arranjava uma desculpa para encontrá-las em seu próprio escritório ou em um restaurante. Viagens de negócios para fora da cidade eram uma tortura para ele. Jonathan tinha que telefonar antecipadamente para se assegurar de que seu quarto de hotel ficava em um andar baixo e que ele poderia usar as escadas.

Esse medo era produto do subconsciente, talvez em resposta a alguma experiência que ele tinha esquecido havia muito tempo em nível consciente. Depois que aprendeu isso, resolveu mudá-lo. Ele começou a elogiar o elevador toda noite e várias vezes por dia. Em um estado de ânimo calmo e confiante, ele repetia isto para si mesmo:

> O elevador é uma ideia maravilhosa. Ele é um produto da mente universal. Eu ando nele em paz e alegria. Em minha imaginação, eu agora estou no elevador. Ele está cheio de

funcionários. Eu converso com eles, e eles são amistosos, alegres e livres.

Eu agora permaneço em silêncio enquanto as correntes de vida, amor e compreensão fluem por meu pensamento. Eu saio do elevador e vou até meu escritório.

Ele repetiu essa afirmação várias vezes por dia durante dez dias. No dia seguinte, entrou no elevador com outros funcionários de sua empresa e se sentiu totalmente livre.

Catastrofizando

Catastrofizar é uma forma de pensamento distorcido que pressupõe que as condições são piores do que são ou que um resultado vai ser muito pior do que provavelmente vai ser.

Conheci uma mulher que foi convidada a fazer uma viagem de volta ao mundo de avião. Ela tinha medo de avião e alimentava seu medo pesquisando desastres aéreos. Ela até comprou um vídeo com os piores acidentes de avião do mundo e passava horas assistindo a ele. Ela se imaginava caindo no oceano e se afogando. Isso é catastrofizar. Se ela tivesse continuado a se engajar com esse pensamento distorcido, provavelmente teria vivido o que mais temia. Felizmente ela escolheu adotar padrões de pensamento mais positivos e se divertiu muito.

Um empresário de Nova York teve menos sorte. Ele era muito bem-sucedido e próspero até que uma pequenina semente de preocupação encontrou o caminho até o solo fértil do subconsciente dele. Com o tempo, ele criou seu próprio filme mental particular no qual sua empresa era levada à falência, e ele perdia tudo. Quanto mais passava esse filme de fracasso em sua mente, mais ele mergulhava em uma depressão profunda. Ele se recusava a deter essas imagens mórbidas. Dizia à esposa: "Isso não pode durar", "O sucesso vai acabar a qualquer dia", "Não há esperança, vamos falir".

Sua mulher depois me disse que no fim ele foi à falência. Todas as coisas que ele tinha imaginado e temido se realizaram. As coisas que temia não existiam, mas ele fez com que se concretizassem por constantemente temer, acreditar e esperar o desastre financeiro.

O mundo está cheio de pessoas que têm medo de que algo terrível aconteça com seus filhos ou que alguma catástrofe terrível vá se abater sobre elas. Quando leem sobre uma pandemia, vivem com medo de pegarem a doença. Algumas imaginam que já a pegaram. Em muitos casos, elas ficam doentes de preocupação.

Catastrofizar não se aplica necessariamente apenas a situações de vida e morte e doenças graves. Isso pode ocorrer em qualquer situação desafiadora — por exemplo, as vésperas de uma prova ou de uma competição esportiva. Se você se preocupar com seu desempenho ou acreditar que os competidores são superiores, você está se colocando em desvantagem. Mesmo a menor semente de dúvida pode reduzir sua confiança e seu foco e levar ao fracasso ou à derrota. Para afastar qualquer pensamento ou sentimento de dúvida, concentre sua mente no sucesso.

Descatastrofizando

Psicólogos e psiquiatras ajudam pacientes a identificar e ajustar seus padrões de pensamento contraproducentes através de uma técnica chamada terapia cognitivo-comportamental (TCC). Eles ensinam pacientes a desviar pensamentos negativos sobre si mesmos e o mundo e a adotar padrões de pensamento construtivos e racionais. Mas você não precisa de um terapeuta para mudar seu pensamento. Pode fazer isso através de esforço consciente.

Se você tem um medo irracional ou exagerado que está impedindo que faça algo que provavelmente melhoraria sua vida e aumentaria seu prazer, leve sua mente na direção oposta. Mude seu foco para além do obstáculo que teme para o objeto de seu desejo. Fique absorto no que deseja. Saiba que o pensamento subjetivo sempre produz a realidade objetiva. Essa atitude vai dar a você confiança e elevar seu estado de ânimo. O poder infinito do seu subconsciente está jogando a seu favor. Ele não pode falhar, portanto, você pode proceder com confiança.

Encare seus medos

Um executivo de vendas de uma grande empresa multinacional contou que, quando começou a trabalhar como vendedor, tinha que dar cinco ou seis voltas no quarteirão antes de conseguir reunir a coragem para visitar um cliente.

Sua supervisora era experiente e muito perceptiva. Um dia ela lhe disse: "Não tenha medo do monstro escondido atrás da porta. Não existe monstro. Você é vítima de uma falsa crença."

A supervisora continuou e disse que, sempre que as primeiras sensações de medo surgiam, ela resistia e olhava para ele de frente, direto nos olhos. Quando fazia isso, sempre via que o medo diminuía e se recolhia a sua insignificância.

Do medo ao desejo

Um ex-capelão do Exército norte-americano chamado John me contou que, durante a Segunda Guerra Mundial, o avião em que ele estava foi atingido e danificado por fogo antiaéreo. Ele teve que escapar pelas montanhas da Nova Guiné e se viu nas profundezas da floresta. Claro que estava com medo, mas sabia a diferença entre o medo racional e irracional. Ele também estava consciente de que o medo irracional podia facilmente disparar o pânico ou o desespero, e qualquer deles seria contraproducente.

Ele decidiu que seria sábio acalmar de imediato seu medo crescente e começou a conversar consigo mesmo, dizendo: "John, você não pode se render ao medo. Ele é apenas um desejo de estar seguro e escapar."

John parou no meio de uma pequena clareira e acalmou sua respiração, afastando os primeiros sintomas de pânico. Assim que se sentiu mais relaxado, começou a afirmar: "A inteligência infinita que guia os planetas agora está me levando para fora desta floresta e para a segurança." Ele continuou repetindo isso em voz alta para si mesmo.

— De repente — contou John — eu senti algo começar a se agitar dentro de mim. Era uma sensação de confiança e fé. Fui atraído para um lado da clareira. Lá encontrei os vestígios de uma trilha, e comecei a andar. Dois dias depois, cheguei a um pequeno vilarejo onde as pessoas eram amistosas. Elas me alimentaram e me levaram para o limite da floresta, onde um avião de resgate me buscou.

A mudança de atitude mental de John o salvou. Sua convicção e confiança na sabedoria e poder subjetivos dentro dele forneceram a solução para o problema.

Ele acrescentou: "Se eu tivesse começado a lamentar meu destino e me entregasse a meus medos, o monstro medo teria me dominado. Eu provavelmente teria morrido de medo e de fome."

Tramaram contra ele

Durante uma turnê mundial de palestras, tive uma conversa de duas horas com um importante membro do governo em um dos países que visitei. Descobri que esse homem tinha uma profunda sensação de paz e serenidade interiores. Ele disse que, embora seja constantemente atacado por jornais que apoiam o partido de oposição, nunca permitiu que isso o perturbasse. Sua prática é se sentar imóvel por 15 minutos de manhã e se dar conta de que no centro dele mesmo há um profundo e imperturbável oceano de paz. Meditando assim, ele gera um poder tremendo que supera todo tipo de dificuldade e medo.

Alguns meses antes, ele tinha recebido uma ligação, à meia-noite, de um colega em pânico. Segundo o colega, um grupo de pessoas estava tramando contra ele. Pretendiam derrubar seu governo, com a ajuda de elementos dissidentes das Forças Armadas do país.

Em resposta, o membro do governo disse ao colega: "Agora vou dormir em perfeita paz. Podemos discutir isso amanhã às dez horas."

Como ele me explicou: "Sei que nenhum pensamento negativo pode se manifestar a menos que eu dê uma qualidade emocional ao pensamento e o aceite mentalmente. Eu me recuso a acalentar sua sugestão de medo. Portanto nenhum mal pode acontecer comigo a menos que eu permita."

Perceba como ele estava calmo, tranquilo e sereno. Não entrou em pânico. Ele não tinha necessidade de pânico. Em seu âmago, havia águas calmas, um oceano de paz.

Supere seu medo

Agora é sua vez. Identifique seu maior medo, aquele que te limita. Você tem medo de chamar uma pessoa para sair? De se candidatar a uma vaga em uma equipe esportiva? De fazer um teste para um papel em uma peça? De fazer uma apresentação? De correr um risco? Descreva seu medo e o que ele está impedindo que você faça:

- Meu medo é _____

- Ele está impedindo que eu _____

Agora, visualize sua vida depois de superar seu medo. Descreva como ela é diferente e melhor depois que você superou o medo e conseguiu o que queria.

Escreva uma afirmação curta expressando sua confiança e sua gratidão por ter alcançado seu objetivo (concentre-se no oposto do que você teme).

Repita essa afirmação várias vezes por dia, reprisando a visão de como sua vida está diferente e melhor após alcançar seu objetivo. Continue até seu medo ter sido totalmente substituído por confiança.

Capítulo 9
SAIA-SE MUITO BEM NA ESCOLA E NO TRABALHO

•••••••

Como a água pelo resfriamento e pela condensação se torna gelo, o pensamento por condensação assume forma física. Tudo no universo é pensado em forma material.

— Paramahansa Yogananda, mestre espiritual

TODOS QUEREMOS NOS SAIR BEM EM nossos estudos e carreiras. Para alguns, isso vem fácil. Já outros têm que trabalhar e se esforçar bastante por muitas horas, e mesmo assim não conseguem atingir o mesmo nível de sucesso daqueles menos dedicados, porém mais talentosos. Com certeza, algumas pessoas têm uma vantagem genética — seus cérebros funcionam em um nível mais elevado ou elas nascem com algum talento extraordinário. Mas, mesmo na extremidade inferior do espectro, todo ser humano tem um potencial incrível. E, graças à neuroplasticidade (a capacidade do cérebro de mudar), nosso cérebro é capaz de criar neurônios e desenvolver novas redes neurais quando aprendemos.

Em outras palavras, todos nós somos capazes nos tornar mais inteligentes e melhores no que escolhermos fazer. Cada um de nós também tem acesso a uma reserva infinita de conhecimento e sabedoria por meio do nosso subconsciente.

Então o que está no caminho daqueles que não estão realizando todo seu potencial na escola ou no trabalho? O que os impede de atingir o nível de sucesso do qual são capazes? São outras pessoas? São circunstâncias fora de nosso controle, como falta de dinheiro ou influência, ou a condição socioeconômica? Não. Em geral é algo interno. Por mais que desejemos negar isso, o que normalmente nos atrasa é nossa atitude ou mentalidade, nossa falta de determinação ou persistência.

Se você entende o poder do subconsciente, sabe que circunstâncias ou condições externas não podem limitar o sucesso, porque, através do poder do nosso subconsciente, criamos nossas próprias circunstâncias externas. E outras pessoas não podem nos conter, pois elas não têm a habilidade de controlar o que pensamos — somos nós que temos controle total sobre nossos pensamentos e emoções. Portanto, a única coisa que pode nos deter somos nós.

Mais provas de que a atitude ou a mentalidade é o segredo do sucesso vêm de muitas histórias de pessoas que tinham o mundo contra elas e conseguiram dar a volta por cima e fazer grandes realizações — pessoas como a apresentadora Oprah Winfrey, que nasceu na pobreza; o bilionário Richard Branson, que tem dislexia; e a escritora J.K. Rowling, que viveu como mãe solo dependente de seguro-desemprego e teve o manuscrito de *Harry Potter* recusado 12 vezes antes de alcançar um sucesso fenomenal.

Talvez eles tenham tido sorte em algum ponto da trajetória profissional, mas não esperaram sentados para que isso acontecesse. Eles continuaram correndo atrás de seus objetivos e, quando a sorte apareceu, capitalizaram em cima dela. Como o lendário golfista Gary Player costumava dizer: "Quanto mais eu treino, mais sorte eu tenho."

Também me impressionam imigrantes que vêm para os Estados Unidos com pouco mais do que a roupa do corpo e conseguem de algum modo construir negócios lucrativos, enquanto muitas pessoas nascidas no país, que têm fácil acesso à comida, habitação e educação, culpam a falta de oportunidade por não progredirem. Claramente, a atitude é o que separa o imigrante de sucesso do cidadão nativo sem recursos. E atitude é uma escolha.

De notas vermelhas a dez em tudo

Todd, de 16 anos, me disse: "Estou sendo reprovado em tudo. Não sei por quê. Acho que simplesmente sou burro. Talvez seja melhor eu largar a escola antes de me dar mal."

Conforme conversávamos, descobri que a única coisa errada com Todd era sua atitude. Ele era indiferente aos estudos e tinha ressentimento em relação a alguns professores e colegas.

Ensinei a ele como usar o subconsciente para ter sucesso nos estudos. Todd começou a afirmar certas verdades várias vezes por dia, em especial à noite, antes de dormir, e de manhã, assim que acordava. Ele afirmava o seguinte:

> Meu subconsciente é um depósito de lembranças. Ele retém tudo o que leio e tudo o que meus professores ensinam. Tenho uma memória perfeita. A inteligência infinita do meu subconsciente sempre me revela tudo o que preciso saber em todas as minhas provas, sejam escritas ou orais. Eu irradio amor e boa vontade para todos os meus professores e colegas. Eu desejo a eles, de verdade, sucesso e todas as coisas boas.

Ao repetir essa afirmação, Todd imaginava seus professores e seus pais parabenizando-o pelo sucesso nos estudos. Também imaginava ter a admiração de seus colegas e que eles lhe pediam ajuda nas tarefas.

Em poucas semanas, Todd começou a ter um desempenho excelente nas matérias. Ele progrediu de um quase repetente a um aluno que só tirava dez. Seus pais e professores, surpresos com essa transformação incrível, o parabenizaram por sua dedicação e inteligência, e ele rapidamente conquistou o respeito dos outros alunos.

Defina o sucesso

O sucesso na escola ou no trabalho depende de como você o visualiza. Na sua opinião, ser bem-sucedido na escola é tirar boas notas, agradar a seus professores, agradar a seus pais, aprender as matérias, ser representante de turma ou alguma outra coisa? E ser bem-sucedido no trabalho é ter um bom salário, ser o funcionário do mês, agradar aos clientes, agradar a seu chefe, fazer muito bem seu trabalho, ter grandes ideias ou alguma outra coisa?

Passe alguns minutos descrevendo o que significa para você ter sucesso na escola ou no trabalho.

Lógico, o sucesso na vida é maior do que o sucesso na escola ou no trabalho. No grande esquema das coisas, o sucesso é medido por uma coleção de coisas intangíveis — serenidade, harmonia, integridade, compaixão, curiosidade, felicidade, entusiasmo, generosidade e assim por diante. Todas essas coisas intangíveis são produtos de sua mente, e são principalmente emoções. Elas são parte de seu eu mais profundo, e todas contribuem para seu sucesso tangível e intangível.

Para atingir níveis mais altos de sucesso na escola e no trabalho, desenvolva as qualidades mais profundas em você que motivam seu sucesso. Por exemplo, seja curioso, entusiasta e alegre em relação a seu trabalho escolar. Ao lidar com colegas e clientes no trabalho, seja compassivo, compreensivo e bondoso. Quando pensar sobre a escola ou o trabalho, visualize a si mesmo como a incorporação dessas qualidades mais profundas e positivas. Quando sua visão passa para seu subconsciente e se reflete no mundo físico, todas essas qualidades vão ser traduzidas em níveis mais altos de realização e de sucesso.

Os três passos para o sucesso

O segredo do sucesso é encontrar o ponto ideal ou, como as pessoas dizem, "encontrar seu chamado". O ponto ideal é aquele em que seus interesses e talentos encontram uma forte necessidade ou demanda pelo que você tem a oferecer; por exemplo, você tem paixão por apresentar seu talento musical em público, e há forte demanda por esse tipo de entretenimento. Ou você tem inclinação para a mecânica, adora mexer com motores, e há forte demanda de mecânicos de carros em sua área.

Quando você descobre algo que ama e faz bem e há uma forte demanda pelo que você tem a oferecer, o sucesso é inevitável. Tudo isso vai parecer fácil para você. As seções seguintes o conduzem no processo de três passos para encontrar seu ponto ideal.

Primeiro passo: Descubra o que você ama fazer

O primeiro passo vital para o sucesso é descobrir o que você ama fazer. Não é possível se considerar bem-sucedido no trabalho se não amá-lo, mesmo que o resto do mundo louve você como um grande sucesso. Quando amamos nosso trabalho, temos um desejo profundo de desempenhá-lo. Se alguém quer ser psiquiatra, não é suficiente obter um diploma e pendurá-lo na parede. Ele vai querer se manter atualizado, frequentar congressos e continuar a estudar a mente e seu funcionamento. Vai visitar outras clínicas e ler as mais recentes publicações científicas. Em outras palavras, vai se esforçar para se manter informado sobre os métodos mais avançados para aliviar o sofrimento mental porque é apaixonado por isso.

Porém, se você estiver pensando "Não posso dar o primeiro passo porque não sei o que quero fazer. Como encontrar uma área profissional que vou amar?", a resposta para essa pergunta é esta: consulte seu subconsciente, que sabe mais sobre você e tudo o mais que sua mente consciente possa imaginar. Todo dia, várias vezes por dia, repita a seguinte afirmação:

> A inteligência infinita do meu subconsciente me revela meu verdadeiro lugar na vida.

Repita essa afirmação em voz baixa, de forma positiva e amorosa para sua mente mais profunda com a certeza de que ela tem a resposta. Ao persistir com confiança e certeza, a resposta vai chegar a você como uma sensação, uma intuição ou uma tendência em certa direção. Ela vai chegar a você de forma clara e em paz, e como uma consciência interior silenciosa.

Segundo passo: Descubra aquilo em que você é bom de verdade
Toda pessoa nasce com talentos e potencial para ser excelente em uma ou mais áreas de atuação. Alguns têm mais potencial acadêmico, outros têm mais inclinações mecânicas ou atléticas, e outros são líderes natos. E, durante a vida, todo mundo adquire conhecimento e habilidades por meio de estudo e experiência. A soma total da personalidade, do conhecimento, da experiência, dos talentos e das habilidades de um indivíduo o qualifica de forma única para uma missão ou carreira específica.

Pessoas que sabem o que amam e aquilo em que são boas de verdade em geral acham muito mais fácil encontrar o caminho para o sucesso, por isso encorajo você a conhecer a si mesmo. Comece sua autoanálise respondendo às seguintes questões:

- Em que matérias você se sai/saía bem na escola?
- De que atividades extracurriculares você participou e gostou?
- Faça uma lista de seus hobbies e passatempos favoritos.
- Que habilidades ou talentos você tem?
- O que você sabe bem e pode ensinar a outras pessoas?
- O que os outros dizem que você faz ou faria bem?
- Qual é sua maior realização?
- Você é um líder ou um seguidor?
- Você é bom em solucionar problemas?
- Se pudesse ter o emprego ou negócio que quisesse, qual seria?

Lembre-se de que tudo o que você fez no passado o prepara para seu futuro, mesmo os erros que cometeu e com os quais aprendeu. Um exame atento de seu passado e de seu eu mais profundo provavelmente vai revelar um caminho claro para o futuro.

Terceiro passo: Identifique uma necessidade

Fazer o que você ama e no que é excelente não basta. O trabalho de sua vida também deve servir às necessidades dos outros. Ele deve atender a uma demanda. Deve, de algum modo, melhorar a vida de outras pessoas. Para dar o que você tem a oferecer, outros devem estar prontos para recebê-lo, completando dessa forma o circuito e permitindo que sua contribuição flua livremente, se multiplique e entregue um retorno abundante de seu investimento pessoal. Sua ideia deve avançar com o propósito de servir ao mundo. Isso, então, vai voltar para você em maior escala e cheio de bênçãos. Se você trabalha apenas em seu próprio benefício, você não completa esse circuito essencial.

As pessoas de maior sucesso no mundo adotaram uma mentalidade de serviço ao próximo. Elas procuram servir às necessidades dos outros e melhorar a vida deles. Há um contraste enorme entre essa atitude mental e a de alguém que só quer "ganhar um salário" ou "sobreviver". Sobreviver não é o verdadeiro sucesso. Os motivos das pessoas devem ser maiores, mais nobres e mais altruístas. Elas devem servir aos outros, atendendo a uma demanda pelo que têm a oferecer.

Pense no que ama fazer e no que você é ótimo, levando em conta o que o mundo precisa. Com base em sua análise consciente desses três fatores — o que você ama fazer, no que é bom e o que é preciso ou tem grande demanda —, comece a pensar em empregos, carreiras e negócios que combinam com você.

Agora faça seu subconsciente revelar o caminho para seu futuro. Várias vezes por dia repita a seguinte afirmação:

> Eu sei o que amo fazer e aquilo que sou perfeitamente adequado para fazer. Minha combinação única de talentos, habilidades, conhecimentos e experiência é bastante necessária. Meu subconsciente revela as oportunidades perfeitas para mim, e estou grato por sua sabedoria e orientação.

Com o tempo, seu subconsciente vai ter a resposta. A resposta pode vir na forma de uma constatação súbita, um encontro despretensioso com um estranho, uma apresentação de um profissional em sua escola, algo que um professor revela a você, algo que você vê na internet ou alguma outra maneira de se comunicar. Quando você receber a resposta, anote-a.

Verdadeiro sucesso

A essa altura, você pode estar pensando: "E aquele cara no noticiário que ganhou centenas de milhões de dólares com desvio de dinheiro? Ele é um grande sucesso e não está preocupado em fazer do mundo um lugar melhor."

Esses casos são muito comuns, mas devemos tomar o cuidado de compreendê-los bem. Pode parecer por um tempo que a pessoa alcançou o sucesso, mas o dinheiro obtido ilegalmente tende a desaparecer. Mesmo que isso não aconteça, ao roubar de outras pessoas, roubamos de nós mesmos. A atitude de falta e limitação que leva a nosso comportamento criminoso se manifesta, também, de outras formas — em nosso corpo, nossa vida doméstica, nossos relacionamentos com outras pessoas.

Nós criamos tudo o que pensamos e sentimos. Nós criamos aquilo em que acreditamos. Embora uma pessoa possa ter acumulado uma fortuna de forma fraudulenta, ela não é bem-sucedida. Não há sucesso sem paz de espírito. De que adianta a riqueza acumulada por uma pessoa se ela é assolada pela dúvida, por noites insones e relacionamentos rompidos? Ela pode parecer feliz e estabilizada por fora, mas se sente mal por dentro.

Uma vez conheci um delinquente profissional em Londres que me contou seus crimes. Ele tinha acumulado uma grande fortuna, que lhe permitia viver com luxo em sua casa nos arredores de Londres e em sua casa de verão na França. Com luxo, sim, mas sem paz. Ele vivia com medo de ser preso pela polícia de Londres. Tinha muitos transtornos internos que sem dúvida eram causados pelo medo e pela culpa dos quais não conseguia se livrar. Sabia que tinha errado. Essa sensação profunda de culpa atraía todo tipo de problema para ele.

Depois, soube que ele havia se entregado para a polícia e cumprido pena na prisão. Quando foi solto da cadeia, procurou terapia e ajuda espiritual e se transformou. Começou a trabalhar e se tornou um cidadão honesto e que respeita as leis. Ele descobriu o que amava fazer e ficou feliz.

Uma pessoa de sucesso ama seu trabalho e se expressa plenamente. O sucesso depende de um ideal mais elevado do que a mera acumulação de riqueza. A pessoa de sucesso é aquela que possui grande compreensão psicológica e espiritual. Muitos dos grandes líderes empresariais contemporâneos dependem do uso correto do subconsciente deles para o sucesso. Cultivam a habilidade de ver um projeto futuro como se já estivesse finalizado. Depois de ver e sentir a realização, o subconsciente deles faz isso acontecer. Se imaginar um objetivo com clareza, vai ver as necessidades em formas que você pode nunca ter imaginado através do poder do seu subconsciente de operar maravilhas.

Ao considerar os três passos para o sucesso, nunca se esqueça do poder fundamental das forças criativas do seu subconsciente. Essa é a energia por trás de todos os passos de qualquer plano de ação. Seu pensamento é criativo. Pensamento unido com sentimento positivo se torna uma certeza mental, que acaba se tornando realidade no mundo físico.

Depois de entender que possui uma força poderosa dentro de si, capaz de fazer todos os seus desejos se realizarem, você ganha confiança e uma sensação de paz. Seja qual for sua área de atuação, você deve aprender as leis do seu subconsciente. Saber aplicar os poderes de sua mente, se expressar plenamente e oferecer seu talento a outras pessoas indica que você está no caminho certo para o sucesso. Com a inteligência infinita e o poder da consciência universal trabalhando a seu favor, nada pode entrar em seu caminho para o sucesso.

Consulte seu conselho diretor

Alguns anos atrás, fiz uma palestra para um grupo de executivos sobre os poderes da imaginação e do subconsciente. Descrevi como o grande poeta alemão Goethe usava a imaginação com sabedoria ao se deparar com dificuldades e situações desagradáveis.

Segundo seus biógrafos, Goethe estava acostumado a passar muitas horas em silêncio em conversas imaginárias. Ele imaginava um de seus amigos sentado a sua frente, dando a ele respostas corretas para todas as suas perguntas. Em outras palavras, se estivesse preocupado com qualquer problema, ele imaginava o amigo lhe dando a solução perfeita, reproduzindo até os gestos e a entonação dele. Goethe tornava toda a cena imaginária tão real e vívida quanto possível.

Uma das pessoas presentes na palestra era uma jovem corretora de ações que passou a adotar essa técnica. Ela começou a ter conversas imaginárias com um investidor multimilionário que a conhecia e uma vez a parabenizou por sua avaliação inteligente e fundamentada na recomendação de ações. Ela ensaiou essa conversa imaginária até fixá-la como uma crença em sua mente.

As conversas internas e a imaginação controlada da corretora com certeza concordavam com seu objetivo, que era fazer investimentos sólidos para seus clientes. Seu principal propósito na vida era ganhar dinheiro para seus clientes e vê-los prosperar financeiramente graças a seu aconselhamento sábio. Ela confiou no subconsciente ao longo de sua carreira e foi um sucesso brilhante na sua área de atuação.

Fazendo do sucesso seu mantra

Muitos executivos bem-sucedidos repetem em voz baixa a palavra *sucesso* muitas vezes por dia, até sentirem que seu sucesso é certo. Eles sabem que qualquer empreendimento próspero começa como uma ideia na mente de alguém. Portanto, o próprio sucesso começa como uma ideia, que contém todos os elementos essenciais dele.

Faça como eles. Várias vezes ao dia, repita a palavra *sucesso* com convicção. Seu subconsciente vai aceitar isso como verdade e estará focado em fazer de você alguém bem-sucedido. Será levado a exprimir suas impressões, ideias e convicções.

Imagine-se como a pessoa que você quer ser, fazendo o que deseja, possuindo o que quer e levando a vida que sonhou. Seja criativo. Em sua mente, participe da realidade do sucesso que você imagina. Faça disso um hábito. Toda noite, vá dormir sentindo-se bem-sucedido e perfeitamente satisfeito, e você vai acabar conseguindo implantar a ideia de sucesso no seu subconsciente. Acredite que você nasceu para o sucesso, e maravilhas vão acontecer.

Capítulo 10
FAÇA OS OUTROS RESPEITAREM VOCÊ

Nossa maior aventura humana é a evolução da consciência. Nós estamos nesta vida para ampliar a alma, liberar o espírito e iluminar o cérebro.

— Tom Robbins, escritor norte-americano

TODO MUNDO QUER SER RESPEITADO. Nós queremos o respeito de nossos pais, professores, supervisores e, talvez principalmente, de nossos pares. Claro, não podemos controlar o que as pessoas pensam de nós e como nos tratam, mas podemos influenciar a opinião delas. Tudo começa com o respeito por si mesmo. Como disse uma vez o antigo filósofo chinês Confúcio: "Respeite a si mesmo, e os outros vão respeitar você." Essa frase não é totalmente verdadeira, mas sem dúvida o primeiro passo para fazer os outros respeitarem você é respeitar a si mesmo.

Mas não termina aí.

As pessoas nem sempre vão respeitá-lo só porque você se respeita. Você precisa demonstrar respeito por outras pessoas que mereçam, e precisa demonstrar, com suas palavras e ações, que merece respeito. Este capítulo o ajuda a dominar o básico para fazer os outros respeitarem você.

Lembre-se de que muito do que é preciso para conquistar o respeito dos outros envolve mudar a si mesmo através do poder do consciente e do subconsciente. As mudanças acontecem primeiro dentro de você, alterando pensamentos e emoções. As mudanças internas, então, se apresentam externamente em escolhas e comportamentos. E, por fim, as mudanças internas e externas se manifestam em como o mundo físico, incluindo as pessoas com quem você interage, responde ao novo você.

Construa uma autoestima positiva

Um ingrediente essencial do respeito próprio é a autoestima, que é totalmente um produto da mente. Nós escolhemos o que pensamos e sentimos em relação a nós mesmos. Entretanto, a autoestima positiva muitas vezes é diminuída ou destruída em uma criança negligenciada ou abusada física ou emocionalmente. Alguém criado para achar que não é amado nem passível de ser amado, não é desafiado de maneiras que o ajudam a construir confiança; alguém que não é elogiado por suas realizações ou é sempre criticado provavelmente vai crescer sem autoestima.

A autoestima está enterrada fundo em nosso subconsciente. Nós não lhe damos muita atenção, mas ela, de forma sutil mas poderosa, controla nossa vida. Autoestima elevada nos dá a confiança para perseguir a prosperidade, a felicidade e a autorrealização. Autoestima baixa nos enche de medo e incerteza, o que limita todos os aspectos de nossa vida — nossa educação, carreira, nossos relacionamentos e nosso amor pela vida.

Aqui há sete maneiras de começar a construir autoestima:

1. Repita afirmações positivas diariamente, como esta: *Eu tenho orgulho de mim mesmo, de meus talentos e de minhas realizações.*

2. Comprometa-se a continuar estudando. Esteja sempre adquirindo novos conhecimentos e desenvolvendo novas habilidades.

3. Aceite elogios, mesmo que se sinta desconfortável. É possível anotá-los e usá-los em suas afirmações.

4. Perdoe a si mesmo. Aprenda com seus erros, e então os deixe seguir o rumo deles. Você não pode voltar no passado, mas pode aprender com ele.

5. Aceite críticas, aprenda com elas e depois as deixe para lá. A única coisa boa que vem das críticas recebidas é a oportunidade para melhorar. Não fique repetindo-as em sua mente nem se sinta magoado com quem o criticou.

6. Faça uma lista de seus pontos fortes e suas qualidades que se aplicam à área à qual você está se dedicando, como escola, trabalho ou relacionamentos. Por exemplo, se não foi selecionado para a vaga de emprego que tanto queria, escreva uma lista de qualidades que fazem de você um candidato ideal para o cargo — por exemplo, pontualidade, comprometimento com a excelência e dedicação ao cliente.

7. Se tem o hábito de se comparar com os outros, pare com isso. Lembre-se de que, se duas pessoas fossem exatamente iguais, o mundo não ia precisar de uma delas. Você é necessário no mundo pelas qualidades únicas que tem.

Seja assertivo

A assertividade é um reflexo da confiança. Envolve dizer às pessoas, com firmeza e educação, o que você pensa, do que gosta e o que aceita. Sendo assertivo, você passa a mensagem sutil de que se respeita e espera o mesmo dos outros.

Para descobrir se você tem dificuldade para ser assertivo, anote com quais das frases a seguir você se identifica:

- Você costuma evitar confrontos em vez de resolver diferenças ou solucionar problemas.

- Muitas vezes, você cede sem expressar sua preferência. Por exemplo, em vez de dizer que quer ir a determinado restaurante, você diz algo como: "O que você quiser está bom."
- Você deixa outras pessoas decidirem em vez de se expressar e defender sua opinião.
- Você descarta a própria opinião com frases como "Tanto faz", ou "Não me importa".
- Você tem dificuldade para dizer "não" quando as pessoas pedem que você faça alguma coisa para elas. Ou pior, as pessoas a sua volta presumem que você vai fazer um favor para elas sem nem mesmo terem a gentileza de pedir.
- Você tem medo de que, se expressar sua opinião, as pessoas vão rejeitá-lo ou não vão gostar de você.
- Você está tão focado em atender às necessidades dos outros que negligencia as suas.
- Costuma pedir mais desculpas para as pessoas do que elas pedem a você.

Não confunda assertividade com agressividade. Você pode expressar sua opinião e suas preferências com firmeza e educação sem levantar a voz ou fazer gestos agressivos.

Aqui há algumas sugestões que podem ajudá-lo a ser mais assertivo:

- Seja honesto, especialmente sobre como você se sente, do que precisa e do que gosta.
- Estabeleça limites. Esclareça o que você está disposto a fazer e o que você não está.

- Mantenha-se firme. As pessoas vão desafiar seus limites. Lembre a si mesmo e aos outros quais são eles e resista se alguém tentar ultrapassá-los.
- Seja proativo na solução de problemas e divergências.
- Comunique-se de forma simples e direta, não deixando margem para interpretação. Para entrar menos em confrontos, comece suas afirmações com "Eu", mas seja direto; por exemplo, diga algo como "Eu sinto como se estivesse sendo usado".
- Ponha suas necessidades em primeiro lugar. Quando você está em um avião, a comissária instrui que, se máscaras de oxigênio forem necessárias, você deve pôr a sua antes de ajudar uma criança ou outra pessoa com as delas. Antes de ajudar os outros a atenderem às necessidades deles, as suas devem ser atendidas. Trate de atendê-las. Garantir que suas necessidades estão sendo atendidas não é egoísmo.

Tenha a mente aberta

Embora expressar suas opiniões com clareza e firmeza seja importante, é igualmente importante ouvir os outros e estar preparado para mudar o que pensa quando tiver nova informação ou perspectivas diferentes. Pensar pequeno ou ser teimoso é sinal de desrespeito. Você está demonstrando que não liga para o que os outros pensam, e talvez não esteja nem disposto a ouvir os motivos deles para pensarem de tal forma.

Um bom princípio é ouvir duas vezes mais do que você fala. Nós temos dois ouvidos e uma única boca por um motivo. Antes de defender um ponto, entenda a posição da outra pessoa. Faça perguntas para esclarecer qualquer mal-entendido. Quando achar que entende a pessoa, repita isso para ela em suas próprias palavras para que ela tenha uma oportunidade de corrigir qualquer mal-entendido. Em geral, as pessoas se envolvem em discussões simplesmente porque têm um entendimento equivocado da posição umas das outras.

Outro bom princípio é verificar os fatos. Não suponha que o que você pensa ou o que outra pessoa está lhe dizendo é verdade. Se você tem qualquer dúvida, busque mais informações. Você pode até querer buscar novas informações com outras pessoas. Às vezes, os dois lados envolvidos em uma desavença estão errados, e uma perspectiva objetiva de uma terceira pessoa pode resolver o conflito.

Solucione desavenças de forma racional

Como humanos, somos propensos a discordar porque temos diferentes perspectivas e modos de pensar. Isso não é necessariamente ruim. Afinal de contas, às vezes estamos errados e precisamos ser corrigidos. Às vezes a outra pessoa está errada. E, às vezes, novas perspectivas, pensamentos e compreensões surgem no processo de resolver o conflito.

Desavenças também nos dão a oportunidade de ganhar (ou perder) respeito. Podemos perder respeito ficando com raiva, culpando os outros, criticando a outra pessoa pelas costas, dando gelo em alguém ou mesmo evitando o conflito na esperança de que o problema desapareça.

Para ganhar respeito, confronte a outra pessoa com educação e discuta a questão. Se vocês têm opiniões conflitantes, escute-a com atenção e faça perguntas para entender o ponto dela antes de apresentar o seu. Se estão diante de um problema e discordam da solução, tente adotar uma abordagem colaborativa. Não entre no jogo da culpa. Olhe além de qualquer conflito e desavença pessoais que possam ter causado o problema para focar soluções possíveis. Analisem o problema juntos, debatam soluções e escolham aquela que parecer mais promissora.

Mesmo depois de uma discussão racional, vocês podem não chegar a um acordo, mas a discussão conduzida com a intenção de aumentar o entendimento e resolver diferenças quase sempre leva ao respeito mútuo. A outra pessoa provavelmente vai respeitar mais você do que antes só porque você demonstrou sua integridade ao confrontá-la de um jeito construtivo e discutir a questão abertamente.

Resista à pressão

Por mais que desejemos ser indivíduos únicos, nós humanos em geral temos um desejo forte de nos encaixarmos, então a maioria de nós é suscetível à pressão dos outros. Entretanto, embora acompanhar a multidão possa nos fazer sentir aceitos no curto prazo, isso pode levar a uma perda de respeito no longo prazo, especialmente se somos pressionados pelos outros a nos envolver em atividades e comportamentos antiéticos — abusar de álcool ou drogas, vandalizar propriedades, furtar lojas, intimidar e ofender alguém e assim por diante.

Para conquistar o respeito das pessoas, viva de acordo com um código de conduta rígido. Um bom lugar para começar é com a regra de ouro: trate os outros como você gostaria de ser tratado. Outro bom princípio é obedecer à lei. Ao ter um código de conduta, você fica menos propenso a ser convencido a se envolver em atividades ilegais ou antiéticas por alguém que é influente ou convincente.

Se você se sente pressionado a fazer algo que não parece certo, siga os seguintes passos para resistir à pressão:

1. Tire um tempo para respirar e analisar a situação. O que você está sendo pressionado a fazer está alinhado com seu código de conduta? Pense nas consequências de ceder à pressão das pessoas.

2. Se alguém chamar você para fazer algo errado, recuse com educação. Você não precisa se explicar. Só diga algo como "Não, obrigado" ou "Prefiro não fazer isso".

3. Sugira que façam algo diferente, invente uma desculpa para sair da situação ou simplesmente vá embora. Entretanto, se alguém está sofrendo *bullying* ou sendo fisicamente ameaçado, talvez você precise intervir, pedindo que parem ou recorrendo a alguém com autoridade.

Evite discutir com a pessoa que está tentando convencê-lo a fazer algo errado. Dizer que o que ela está fazendo é errado pode ser confrontá-la demais. Em vez disso, use frases na primeira pessoa para comunicar sua posição. Por exemplo, em vez de dizer algo como "Você vai se meter em problema se pichar essa parede", diga "Não vou vandalizar a propriedade de outra pessoa. Vou para o parque jogar bola".

Quando você defende aquilo que acredita ser certo, a maioria das pessoas vai respeitá-lo. E, se não respeitarem, você provavelmente está melhor sem elas em sua vida.

Aceitando críticas com elegância

Sua reação às críticas pode influenciar o nível de respeito que as pessoas têm por você. Se você fica na defensiva e rejeita abertamente a crítica ou, talvez pior, culpa outras pessoas pelo que fez ou deixou de fazer, os outros em geral não terão uma boa visão de você. Entretanto, se ouvir a crítica e refletir sobre ela, mesmo que conclua que está errada, as pessoas vão respeitá-lo.

Aqui há algumas sugestões para aceitar as críticas com elegância:

- Em vez de encarar a crítica ou a culpabilização como um ataque pessoal, veja isso como uma oportunidade de melhorar.

- Escute as críticas que recebe. Faça perguntas se não entender o que estão lhe dizendo.

- Considere a verdade e a relevância da crítica. Muitas vezes, reagimos à crítica sem pensar, rejeitando-a imediatamente, e só depois percebemos que ela tinha fundamento. Pergunte a si mesmo se o que estão dizendo a você faz sentido. Você cometeu um erro? Existe algo que possa melhorar?

- Se você discordar da crítica, explique seu ponto de vista com educação. Tente fazer um esforço para que todos se compreendam melhor e resolvam o problema em vez de ficar na defensiva ou culpar os outros.

- Se a pessoa que critica você está apenas apontando um erro cometido ou um algum defeito que ela vê em você, sem dar nenhuma sugestão, pergunte o que ela acha que você pode fazer para melhorar. Peça uma crítica construtiva.

- Se você foi responsável, assuma isso. Assumir a responsabilidade e tentar melhorar vão fazer você ganhar o respeito dos outros.

Abrace sua vulnerabilidade

Ser vulnerável é ser suscetível a se sentir magoado. Muitas pessoas associam a vulnerabilidade à fraqueza, porém ela se aproxima mais da sensibilidade, que é uma força. Ser vulnerável significa que você é sensível tanto à dor quanto ao prazer, que é confiante e seguro, e honesto sobre si mesmo — você tem consciência de que não é perfeito. A vulnerabilidade também está no âmago de muitas outras qualidades que as pessoas respeitam, como modéstia, humildade, sinceridade e afeto.

Aqui há algumas maneiras de demonstrar vulnerabilidade:

- Diga a verdade, especialmente sobre si mesmo. A honestidade é uma parte importante da vulnerabilidade.
- Reconheça seus erros.
- Dê crédito àqueles que merecem. Esteja disposto a compartilhar seu sucesso.
- Seja despretensioso. Não tente chamar atenção. Admita suas imperfeições e até ria delas. Ser despretensioso é um grande jeito de ser engraçado sem o risco de ferir os sentimentos de outra pessoa. Entretanto, não caia no hábito de sempre se botar para baixo.
- Compartilhe os desafios e problemas que está enfrentando em na vida.
- Expresse seus sentimentos com sinceridade e abertamente.
- Compartilhe seus sonhos e aquilo pelo que você tem paixão.

Ao demonstrar vulnerabilidade, tome cuidado para não revelar além do que devia. Compartilhar informação demais pode ser tão ruim, se não pior, do que não compartilhar o suficiente. Sobretudo tome cuidado para não compartilhar informação demais em redes sociais, e-mails ou mensagens de texto, pois suas palavras vão ficar registradas. Além disso, seja seletivo. Em geral, você vai preferir se mostrar vulnerável diante de pessoas que conhece e em quem confia em ambientes mais seguros (mais privados). Você ainda pode demonstrar vulnerabilidade em ambientes mais públicos, como sua escola ou local de trabalho, mas "sinta o ambiente" — ou seja, administre o que e quanto quer revelar sobre si mesmo com base na situação e nas pessoas presentes.

Tenha em mente que você escolhe o que quer compartilhar. Você tem o direito à privacidade. Revele apenas o que se sente à vontade para compartilhar e com as pessoas com quem escolhe compartilhar. À medida que ganhar mais confiança em você mesmo e nos outros, você vai se sentir mais confortável ao expor suas vulnerabilidades.

Crie melhorias, e não desculpas

Uma das melhores maneiras de ganhar respeito é não criar desculpas para erros que você cometeu. Aceite a responsabilidade, conserte qualquer dano e tente ao máximo evitar repetir o erro.

Não confunda explicação com desculpa. Uma explicação do que causou um problema, ou fez você se comportar de certa maneira, ou dizer o que não devia ajuda você e os outros a entender a situação e lidar com ela de forma eficaz. Uma desculpa, por outro lado, é uma tentativa de fugir da responsabilidade.

Mesmo que você não tenha culpa nenhuma, apresentar uma desculpa em vez de uma solução pouco contribui, se é que chega a contribuir, para resolver o problema ou impedir que ele se repita. Por exemplo, um atendente de uma loja de autopeças uma vez me vendeu o catalisador errado para meu carro. Eu havia passado para ele corretamente o ano, a marca e o número do modelo de meu carro para receber a peça certa. Quando tentei trocar a peça, uma pessoa diferente estava atendendo no balcão. Ela me informou que eles não tinham a peça de que eu precisava no estoque.

Ao fazer o reembolso pela peça errada, esse atendente descontou 15% de taxa de movimentação de estoque. Argumentei que tinham me vendido a peça errada e que eu não devia precisar pagar pela taxa, e ele respondeu: "Não fui *eu* que vendi a peça errada para você!" Expliquei que, embora ele não fosse o responsável, um representante da loja era, e eu não devia ser penalizado pelo erro da loja. Então o atendente providenciou o estorno de todo o valor.

A questão é que, mesmo se você não for o responsável direto por um erro, você vai ter um resultado melhor gastando menos tempo e esforço se esquivando da responsabilidade e mais tempo encontrando uma solução ou fazendo melhorias para evitar erros semelhantes no futuro. O segundo atendente da loja teria agido de forma mais inteligente se tivesse consultado um gerente, que podia identificar e corrigir o que causou a venda da peça errada. Talvez o primeiro vendedor precisasse de mais treinamento ou a informação disponível sobre a peça precisasse ser corrigida no sistema da loja.

De qualquer forma, se você procurar maneiras de corrigir erros e melhorar, vai ter resultados melhores e ganhar mais respeito.

Capítulo 11
FAÇA AMIGOS E CULTIVE AS AMIZADES

Ao crescermos em nossa consciência, vai haver mais compaixão e mais amor, e então as barreiras entre as pessoas, entre as religiões, entre nações, vão começar a cair.

— Ram Dass, mestre espiritual

AMIGOS ENRIQUECEM A VIDA. BONS AMIGOS aumentam seu senso de pertencimento, dão propósito à vida, fazem você sentir mais prazer com a vida, reduzem o estresse, elevam sua autoestima, ajudam a lidar com problemas e o incentivam quando você está encarando desafios. Amizades próximas até melhoram a saúde, reduzindo o risco de depressão, ataque cardíaco, pressão alta, AVC e outros problemas de saúde, em especial quando amigos praticam atividades saudáveis juntos.

Infelizmente, construir e manter amizades agradáveis e construtivas pode ser um desafio. Algumas pessoas, as mais sociais entre nós, não têm problemas para fazer amigos, mas os solitários e menos populares enfrentam obstáculos nessa área da vida. Se você tem dificuldades para fazer e manter bons amigos, isso está prestes a mudar.

Saiba o que você quer em um amigo

Atrair pessoas certas para sua vida é fácil quando se tem o poder da mente subconsciente trabalhando para você. Você simplesmente diz a ela que está à procura de amigos e fornece algumas orientações para a seleção. O desafio é descobrir o que você valoriza em um amigo. Que qualidades e características está procurando?

Aqui há uma lista de qualidades a serem levadas em consideração:

- Tem os mesmos interesses.
- Combina com sua personalidade (é um bom *match*).
- Aceita você como é.
- Cuida de você.
- É honesto e aberto.
- Demonstra compaixão.
- Tem bom senso de humor.
- Respeita você.
- Respeita sua privacidade (não revela segredos).
- Inspira você a ser sua melhor versão.

Imagine seus amigos atuais e futuros, então escreva uma descrição breve de como eles são e por que você gosta de passar tempo com eles.

Envolva seu subconsciente na busca

Agora que você sabe conscientemente o que está procurando em uma amizade, peça ajuda ao seu subconsciente. Escreva uma afirmação curta, instruindo-o a atrair as pessoas certas para sua vida. Aqui há um exemplo para ser usado como inspiração:

Eu amo e respeito a mim mesmo e mereço amor e respeito. Sou um bom amigo e atraio amigos com facilidade. A inteligência infinita sabe quem sou e do que preciso, e atrai as pessoas certas para a minha vida nos momentos certos. Sou grato por todos os amigos maravilhosos que tenho.

Repita essa afirmação várias vezes por dia durante uma a duas semanas. Ao recitar sua afirmação (para você mesmo ou em voz alta), visualize-se com um ou mais amigos fazendo o que gostam de fazer juntos. Tente envolver a maioria dos sentidos em sua atividade imaginária — visão, audição, olfato, paladar e tato. No fim de duas semanas, entregue a tarefa para o seu subconsciente, confiando que ele vai atrair para sua vida os candidatos perfeitos para amizade.

Torne a amizade uma prioridade

Muitas pessoas têm problemas para fazer e manter amizades por terem outras demandas, como responsabilidades na escola, no trabalho ou com familiares. Incentivo você a fazer da amizade uma prioridade. Por quê? Porque a amizade torna tudo mais fácil e mais agradável e pode aumentar o sucesso em todas as áreas de sua vida — acadêmica, esportiva, profissional, familiar, o que você quiser. Se não tem amigos, você está se limitando.

Todo mundo deve ter pelo menos um melhor amigo, então comece por aí. Quem é o seu melhor amigo? Valorize essa pessoa. A maioria das pessoas também tem vários amigos próximos, além de alguns amigos eventuais e conhecidos (pessoas que conhecemos, mas não muito bem). Mantenha-se em contato com seu melhor amigo e tente se comunicar com ele pelo menos uma vez por semana, de preferência pessoalmente. Se necessário, marque um horário para se encontrarem toda semana. Planeje algo especial uma ou duas vezes por ano para criar memórias juntos e aprofundar sua ligação.

Torne-se um alvo atraente

Boa parte dos que reclamam que não têm amigos achariam, se dessem uma olhada honesta em si mesmos, que estão afastando as pessoas em vez de atraí-las. Sem ter consciência disso, eles podem passar por inseguros, infelizes ou mesmo antipáticos. Se você está sempre de mau humor, provavelmente não vai parecer uma companhia agradável ou alguém com quem puxar assunto.

Avalie a si mesmo. Você se identifica com alguma das frases a seguir?

- Quando falo com as pessoas, reclamo de coisas em minha vida.
- Falo mal de outras pessoas pelas costas.
- Falo muito sobre mim mesmo e quase nunca pergunto sobre quem está me escutando.
- Critico e ofereço conselhos mesmo quando ninguém pediu minha opinião.
- Eu poderia ser descrito como uma pessoa sincera demais.
- Interrompo os outros quando eles estão falando.
- Muitas vezes perco interesse quando alguém está me contando alguma coisa e, quando isso acontece, paro de prestar atenção ao que estão dizendo.
- Levo o que me dizem para o lado pessoal e fico na defensiva.
- Não sou muito de sorrir.

Se você se identificou com a maioria das frases, não pode esperar que as pessoas se sintam atraídas por você. É provável que esteja as afastando com uma atitude negativa. As pessoas em geral preferem aquelas que estão levando uma vida de abundância e alegria — ou seja, indivíduos que descobriram o poder do subconsciente deles e o estão usando para enriquecer suas vidas.

Para gerar uma atitude mais positiva, reforce pensamentos positivos e rejeite pensamentos negativos. Várias vezes por dia, durante duas ou três semanas, e sempre que pensamentos negativos começarem a entrar em sua mente, repita a seguinte afirmação:

> Eu sou uma pessoa incrível vivendo em um mundo fantástico povoado por pessoas maravilhosas. Todo dia é cheio de oportunidade e abundância, e tenho prazer com cada respiração. Eu sorrio e cumprimento as pessoas e falo com elas com facilidade. Desejo a todos uma vida de abundância e alegria. Sou grato por estar vivo.

Ao repetir essa afirmação, imagine-se interagindo com outras pessoas de um jeito agradável. Visualize a alegria em seus rostos ao interagirem com você. Pense em todas as coisas boas em sua vida, tudo pelo que é grato.

Perdoe

Sentir rancor é uma forma de afastar as pessoas. A raiva ou o ressentimento guardados dentro de você transparecem, e isso não é atraente. Já viu alguém que parece estar sempre de cenho franzido? Você se sentiu atraído por essa pessoa? Ninguém quer estar perto de uma pessoa sempre amarga e raivosa. Quando você perdoa os outros, tranquiliza sua mente e irradia calor, alegria e aceitação, todas essas qualidades atraentes.

Perdoe a si mesmo pelos erros que cometeu e perdoe todo mundo que já fez algum mal a você. Se você fez mal a alguém no passado, desculpe-se e peça seu perdão. Receber perdão também pode tranquilizar sua mente. Entretanto, se alguém se recusar a perdoá-lo, você mesmo assim deve perdoar a si mesmo e seguir em frente. Você não pode forçar ninguém a perdoá-lo.

Aqui há um método simples mas eficaz para perdoar a si mesmo e a outras pessoas. Ele vai fazer maravilhas em sua vida ao praticá-lo. Acalme sua mente, relaxe e se solte. Pense no amor universal fluindo através de você e unindo todas as coisas enquanto recita a seguinte afirmação:

> Eu perdoo total e livremente a mim mesmo e a [nome da pessoa que ofendeu você]. Eu libero essa pessoa mental e espiritualmente. Eu perdoo tudo relacionado ao assunto em questão. Sou livre e ele [ou ela] é livre. É uma sensação maravilhosa.
>
> Este é meu dia de anistia geral. Eu libero qualquer um e todo mundo que já me magoou e desejo a todos eles saúde, felicidade, paz e todas as bênçãos da vida. Eu faço isso livremente, com alegria e amor.

Sempre que pensar em quem magoou você, diga: "Eu liberei [nome da pessoa], e todas as bênçãos da vida são suas. Eu estou livre, e você está livre. Isso é maravilhoso!"

O grande segredo do verdadeiro perdão é que depois que perdoa a pessoa, você pode parar de repetir a afirmação. Sempre que essa pessoa passar por sua mente ou o incidente penetrar em sua mente, deseje o bem para ela e diga: "Eu lhe desejo paz." Faça isso sempre que o pensamento lhe ocorrer. Depois de alguns dias, você vai descobrir que o pensamento na pessoa ou na experiência vai se tornar cada vez menos frequente até desaparecer por completo.

Entretanto, tome cuidado para não se iludir e achar que perdoou alguém sem ter perdoado. Exploradores e joalheiros usam o que se chama de teste do ácido para determinar se um metal é ouro verdadeiro ou uma imitação. Também existe um teste do ácido para o perdão. Imagine eu dizendo a você algo maravilhoso sobre uma pessoa que o magoou de alguma forma. Se você se aborrecer ao ouvir a boa notícia sobre essa pessoa, as raízes do ódio ainda estão em seu subconsciente provocando o caos em você.

Imagine que você passou por um procedimento odontológico muito doloroso no ano passado e agora está me contando sobre ele. Se eu perguntar se ainda está sentindo dor agora, você vai me olhar surpreso e dizer: "É lógico que não! Eu me lembro da dor, mas não sinto mais nada." Da mesma forma, se realmente perdoou uma pessoa, você vai se lembrar do incidente, mas não vai mais sofrer por causa dele.

Quando entende o poder criativo de sua própria mente, você para de culpar outras pessoas e fatores que estão além de seu controle por magoarem você e percebe que seus próprios pensamentos e sentimentos criam sua realidade. Além disso, torna-se consciente de que fatores externos não são as causas nem as condições para as suas vivências. Pensar que outros podem afastá-lo de sua felicidade, que você é a vítima de um destino cruel, que precisa competir com os outros para conseguir o que quer — todas essas ideias revelam uma natureza destrutiva assim que você entende que controla o próprio destino.

Exponha-se

Se plantar a ideia de amizade no solo fértil de seu subconsciente, ele vai encontrar um jeito de atrair amigos para você mesmo que esteja vivendo em um lugar remoto e fora do sistema. Entretanto, é possível facilitar o processo se tornando mais acessível. Há boas chances de que já esteja recebendo alguma exposição a amigos em potencial na escola, no trabalho e em outras atividades, mas você pode expandir seu grupo de candidatos das seguintes maneiras:

- **Vá a festas e outros eventos sociais.** Esses são ótimos lugares para conhecer pessoas com as quais você, do contrário, não teria a oportunidade de interagir.

- **Vá para novos lugares.** Entre para um clube ou organização cujos membros tenham um interesse ou hobby que você gostaria de explorar.

- **Faça uma aula.** Se você já se formou ou estuda a distância, é possível encontrar aulas sobre assuntos de seu interesse em uma universidade, uma organização local, uma biblioteca ou centro comunitário de sua cidade.

- **Frequente eventos especiais.** Verifique os eventos da sua cidade, dê uma olhada no site da biblioteca ou comunidades na internet à procura de eventos especiais, como shows, apresentações, festivais de arte, oficinas e competições.

- **Seja voluntário.** Contribuir com seu tempo e talento com um hospital, centro comunitário ou organização sem fins lucrativos pode ajudar você a aprender novas habilidades enquanto lhe dá a oportunidade de conhecer pessoas que compartilham de seus valores.

- **Explore oportunidades na internet.** Redes sociais são um meio fácil de se conectar com pessoas que têm os mesmos interesses que você.

- **Apresente-se a seus vizinhos.** Um dos jeitos mais fáceis de começar a conhecer pessoas é se apresentar aos vizinhos. Mesmo que não os considerem candidatos tão bons a seu círculo de amizade, eles podem abrir portas para você conhecer outras pessoas com mais chances de se tornarem suas amigas.

Ao se expor, tenha cuidado. Conte a um adulto de confiança sobre qualquer indivíduo ou grupo com que esteja planejando se encontrar, de modo que eles possam lhe ajudar a saber mais sobre a pessoa ou o grupo e garantir sua segurança.

Inicie contato

Se está esperando que os outros o abordem, você está sendo passivo ao fazer amigos e deixando que a escolha esteja inteiramente nas mãos das outras pessoas. Como já mencionado, o livre pensamento e a livre escolha dão a você poder sobre a direção e o resultado de sua vida. Ao abrir mão dessas liberdades assumindo uma abordagem passiva, você abre mão de seu poder para dirigir a vida.

Quando se trata de fazer amigos, seja proativo. Procure pessoas que admira e que tenham os mesmos interesses que você, apresente-se e comece uma conversa. Tomar a iniciativa pode, no início, parecer desconfortável, mas, quanto mais fizer isso, mais confortável vai se sentir. Ao mesmo tempo, você está projetando várias qualidades muito atraentes, incluindo calor humano, compaixão, confiança, aceitação e a alegria de conhecer uma pessoa nova.

Lembre-se: nem todo mundo com potencial para ser um grande amigo seu vai procurá-lo. Talvez você precise dar o primeiro passo.

A única maneira de ter um amigo é ser um amigo

O filósofo e poeta Ralph Waldo Emerson escreveu: "A única maneira de ter um amigo é sendo um amigo." Uma amizade é um relacionamento mutuamente benéfico, o que significa que as duas partes têm que se beneficiar para que ela sobreviva. Você normalmente não começa uma amizade esperando algo em troca, mas isso não dura muito se qualquer dos amigos não achar isso recompensador.

Ao formar amizades, assegure-se de estar cumprindo sua parte do acordo:

- **Esteja disponível.** Como amigo, é preciso estar disponível, física e emocionalmente, quando seu amigo precisar de você. Se não conseguir encontrar tempo, arranje tempo.

- **Seja gentil.** Mostre a seus amigos que você os valoriza demonstrando amor e respeito e procurando maneiras de tornar suas vidas mais fáceis e mais agradáveis.

- **Escute e observe.** Quando estiver com amigos, escute o que eles têm a dizer e repare na linguagem corporal deles. Na maioria das vezes, basta olhar para alguém para dizer se está magoado, solitário, com raiva ou triste. Não hesite em perguntar se há algum problema, então escute atentamente o que disserem a você.

- **Abra-se.** Compartilhe detalhes sobre si mesmo que você pode ou não compartilhar com outras pessoas. Expresse como está se sentindo. Se está enfrentando algum problema, peça conselho ou ajuda. Estar mais aberto é o segredo para aprofundar um relacionamento.

- **Conquiste confiança.** Seja responsável, confiável e pontual. Cumpra suas promessas. Não revele segredos. Seja leal. Lembre-se de que as pessoas em geral vão confiar em você no início de um relacionamento e vão continuar a fazer isso desde que você não faça algo que quebre essa confiança. Em outras palavras, a confiança pode ser perdida. E pode ser muito difícil de recuperar.

- **Deixe as pequenas coisas para lá.** Não deixe que as pequenas imperfeições de uma pessoa estraguem o que poderia ser um relacionamento recompensador. Entenda que ninguém é perfeito e veja além dos pequenos erros e defeitos o que é realmente importante em seu relacionamento.

Seja seletivo

A população mundial supera a marca de oito bilhões de pessoas. Você não precisa de mais que algumas dezenas de amigos. Meu ponto é que você pode se dar ao luxo de ser seletivo, e deve ser. Algumas pessoas vão arrastá-lo para baixo. Outras podem desencaminhá-lo. É preciso escolher amigos de que goste e que lhe permitam ser sua melhor versão. Às vezes isso significa terminar uma amizade a fim de ter mais tempo e esforço para investir em relacionamentos mais recompensadores.

Não perca tempo com relacionamentos improdutivos e não compensadores que não podem ser consertados. Reconheça os sinais de que uma amizade talvez precise terminar:

- Você não está obtendo o que precisa e espera da amizade.
- Seu amigo está sendo uma má influência, e você não tem a força de vontade para resistir.
- Vocês se afastaram. Nenhum de vocês faz um esforço para manter a amizade.

- Você sente como se não pudesse ser completamente honesto ou que seu amigo não está sendo completamente honesto com você.
- Vocês não têm mais nada em comum.
- Um de vocês fez algo que levou à perda da confiança do outro, e essa confiança não pode ser restaurada.
- Vocês brigam muito sobre questões sérias e nunca se resolvem.

Boas amizades são preciosas, então não desista de uma amizade só porque ela se tornou difícil. Desafios que vocês encaram juntos podem ser oportunidades de ouro para aprofundá-la. Se você sentir que a amizade está se perdendo, consulte seu subconsciente à procura de orientação.

Capítulo 12
ENCONTRE SUA ALMA GÊMEA

Não se contente com qualquer pessoa só para ter alguém. Determine seus padrões. Que tipo de amor você quer atrair? Faça uma lista com as qualidades que realmente quer em um relacionamento. Desenvolva essas qualidades em si mesmo e você vai atrair as pessoas que as têm.

— Louise Hay, palestrante motivacional e autora

TODOS OS PROBLEMAS EM UM RELACIONAMENTO íntimo são causados pela má compreensão das funções e poderes da mente. O conflito entre parceiros vai desaparecer quando cada um aprender a usar as leis da mente. Unificados em mente, eles permanecem juntos e alinhados. A contemplação de ideais, o estudo das leis da vida, a concordância mútua em um propósito e um plano comum e a fruição da liberdade pessoal levam a um estado de ser harmonioso — aquela sensação de unidade em que dois se tornam um.

A discórdia em um relacionamento, que resulta em frustração, decepção, tristeza e até raiva, não é diferente de todos os outros conflitos que as pessoas vivem diariamente. Todos os conflitos têm origem diretamente em uma falta de conhecimento do funcionamento e da relação entre o consciente e o subconsciente. O melhor momento para evitá-los é antes que comecem — ou seja, ao atrair a pessoa certa para se tornar sua parceira e empregar o poder do seu subconsciente desde o início do relacionamento.

Não há nada errado em decidir sair de um relacionamento ruim. Mas para que entrar em uma relação assim? Neste capítulo, você vai descobrir como atrair o parceiro ideal e usar o poder coletivo do subconsciente para construir um relacionamento íntimo incrível no qual os envolvidos floresçam.

O significado de intimidade

A palavra *intimidade* descreve um relacionamento muito próximo no qual os parceiros se sentem livres para ser quem são e mostrar suas vulnerabilidades em segurança, sabendo que o outro vai guardar seus segredos e não vai usar informações sensíveis para prejudicá-los. A intimidade permite que duas pessoas se tornem mais próximas do que seria possível sem isso e floresçam e se expressem plenamente sem preocupação ou consequências dolorosas.

Para ser verdadeiro, um relacionamento íntimo deve começar com uma base sólida de amor. Isso deve vir do coração. Honestidade, sinceridade, bondade e integridade são todos aspectos do amor. Cada parceiro deve ser perfeitamente honesto e sincero com o outro. Uma união não é verdadeira quando pessoas entram em um relacionamento para inflar o próprio ego ou porque estão interessadas no dinheiro ou nas conexões do outro. Isso é sinal de falta de sinceridade, honestidade e amor verdadeiro. Um relacionamento baseado apenas em servir aos próprios interesses pessoais é uma farsa, um embuste e um disfarce.

Se alguém diz "Estou cansado de trabalhar tanto. Preciso de um parceiro para ajudar com as contas", sua premissa principal é falsa. Essa pessoa não está usando corretamente as leis da mente. A segurança de um indivíduo não depende de outra pessoa, mas do próprio conhecimento do indivíduo da interação do consciente com o subconsciente e sua aplicação.

A ninguém vai faltar riqueza ou saúde se aplicarem as técnicas descritas neste livro. A opulência de alguém pode vir independentemente de um parceiro, de pais ou de qualquer outra pessoa. Ninguém deve depender de uma pessoa para ter saúde, paz, alegria, inspiração, orientação, amor, riqueza, segurança, felicidade nem qualquer outra coisa no mundo. Segurança e paz de espírito vêm do conhecimento dos poderes internos e do uso constante e consistente das leis universais aplicadas de maneiras construtivas.

Imagine sua alma gêmea

Passe alguns minutos pensando nas qualidades de seu companheiro ideal — físicas, intelectuais, emocionais e assim por diante. Imagine, então descreva brevemente a pessoa que você visualiza e seu relacionamento juntos.

Atraia seu parceiro ideal

Supondo que tenha lido os capítulos anteriores, você já tem noção de como seu subconsciente funciona e sabe que o que for transmitido para ele vai ser vivenciado no mundo físico. Comece agora a imprimir em seu subconsciente as qualidades e características que você deseja em um parceiro.

Eis aqui uma técnica eficaz: sente-se à noite em uma poltrona confortável (ou deite-se na cama), feche os olhos, se solte, relaxe o corpo, fique bem quieto, passivo e receptivo. Fale com seu subconsciente e diga isto a ele:

> Junte-me a minha alma gêmea — uma pessoa que seja honesta, sincera, leal, fiel, pacífica, feliz e próspera. Essas qualidades que admiro estão penetrando em meu subconsciente agora. Ao acalentar essas características, elas se tornam parte de mim e são incorporadas no subconsciente.
>
> Sei que há uma lei da atração irresistível e que atraio para mim o parceiro perfeito de acordo com minha crença subconsciente. Eu atraio o que é verdade em meu subconsciente.
>
> Sei que posso contribuir com a paz e a felicidade dessa pessoa. Ele/ela ama meus ideais e eu amo seus ideais. Ele/ela não quer me mudar, nem eu quero mudá-lo(a). Nós vivemos em amor recíproco, liberdade e respeito.

Pratique esse processo de utilizar o subconsciente na busca de sua alma gêmea. (Fique à vontade para modificar a afirmação a fim de que reflita com mais precisão as qualidades que está procurando em seu parceiro ou parceira ideal.) Aí você vai ter a alegria de atrair o indivíduo que possui as qualidades e características que você acalenta mentalmente. Sua inteligência subconsciente vai abrir um caminho onde vocês dois vão se encontrar, de acordo com o irresistível e imutável fluxo do seu subconsciente. Tenha um forte desejo de dar o melhor de si em termos de amor, devoção e cooperação. Seja receptivo a esse dom de amor que você deu ao subconsciente.

Aqui há outra afirmação eficaz para alguém encontrar uma alma gêmea:

> Eu agora atraio o(a) companheiro(a) ideal que está completamente alinhado(a) comigo. A base dessa união é o amor universal fluindo através de duas pessoas que se misturam à perfeição. Sei que posso dar a meu/minha companheiro(a)

amor, luz, paz e alegria. Posso tornar a vida dessa pessoa plena, completa e maravilhosa.

Agora decreto que ele/ela possui as seguintes qualidades e atributos: honestidade, integridade, paixão, sensibilidade e generosidade. Ele/ela é pacífico(a), feliz, paciente, bondoso(a) e confiante. Temos uma atração irresistível um pelo outro. Só o que pertence ao amor, à verdade e à beleza pode entrar em minha experiência. Eu agora aceito meu/minha companheiro(a) ideal.

Ao pensar em silêncio e com interesse profundo nas qualidades que admira no companheiro que busca, você vai construir o equivalente mental. Então, as correntes mais profundas do seu subconsciente vão juntar vocês dois em uma ordem divina.

Não há necessidade de um terceiro erro

Sheila, uma mulher com muitos anos de experiência como administradora, me disse: "Eu tive três maridos e todos eles eram passivos e submissos. Todos dependiam de mim para tomar decisões e administrar tudo. Por que atraio esses homens?"

Perguntei-lhe se ela sabia antes de se casar pela segunda vez que seu futuro marido tinha uma personalidade semelhante à do primeiro.

"É lógico que não", respondeu ela, enfaticamente. "Se eu soubesse que ele era tão fraco, não teria me envolvido com ele, e o mesmo vale para meu terceiro."

O problema de Sheila não estava nos homens com que se casou, mas em sua própria personalidade. Ela era uma pessoa muito assertiva, com uma grande necessidade de controle em todas as situações. De certa forma, ela queria um parceiro que fosse submisso e passivo para que pudesse ter o papel dominante. Ao mesmo tempo, sua necessidade mais profunda era um parceiro que fosse igual a ela.

Sua imagem subconsciente atraía para Sheila o tipo de homem que ela queria subjetivamente, mas, quando encontrava, descobria que ele não atendia a suas verdadeiras necessidades. Ela precisava aprender a romper com esse padrão mudando o que pedia ao subconsciente.

Por fim, Sheila aprendeu uma verdade simples: quando você tem certeza de que pode ter seu parceiro ideal, você naturalmente atrai essa pessoa para sua vida.

Para romper com o velho padrão subconsciente e atrair o parceiro ideal, Sheila usou a seguinte afirmação:

> Estou construindo em minha mente o tipo de homem que desejo profundamente. O homem que eu atraio para ser meu marido é forte, poderoso, amoroso, bem-sucedido, honesto, leal e fiel. Ele encontra amor e felicidade comigo. Eu amo seguir para onde ele me conduz.
>
> Sei que ele me quer, e eu o quero. Sou honesta, sincera, amorosa e bondosa. Tenho dons maravilhosos para oferecer a ele, como boa vontade, um coração alegre e um corpo saudável. Ele me oferece o mesmo. É recíproco. Eu dou e recebo.
>
> A inteligência sabe onde está esse homem. A sabedoria mais profunda de meu subconsciente agora está aproximando nós dois de seu próprio jeito, e nós vamos nos reconhecer imediatamente. Eu transmito esse pedido ao meu subconsciente, que sabe como fazer com que meu desejo se realize. Obrigada pela resposta perfeita.

Sheila repetiu essa afirmação todo dia, no início da manhã e no fim do dia, antes de dormir. Ela recitava a afirmação com a certeza de que as sementes de pensamento que estava plantando em seu subconsciente iam crescer e se tornar o equivalente mental do que ela buscava, que acabaria por se tornar real no mundo físico.

Vários meses se passaram. Sheila saiu com várias pessoas e foi a muitos eventos sociais, mas ninguém que conheceu tinha aquilo que ela estava procurando. Então começou a se perguntar se sua busca era em vão. Começou a questionar, desistir, duvidar e vacilar. Nesse momento, lembrou a si mesma que a inteligência infinita estava fazendo aquilo acontecer de seu próprio jeito. Não havia nada com que se preocupar. Quando conseguiu finalizar seu processo de divórcio, isso deu a ela uma grande sensação de liberação e liberdade mental.

Pouco depois, ela assumiu um novo cargo de liderança na administração de uma clínica médica. No primeiro dia em que estava no trabalho, um dos médicos seniores passou em seu escritório para se apresentar, pois estava fora da cidade em um congresso médico no dia em que ela tinha sido entrevistada para o cargo.

No momento em que ele entrou, Sheila soube que era o homem que buscava. Aparentemente, ele também soube disso. Em um mês ele a pediu em casamento, e o casamento posterior foi cheio de alegria. Esse médico não era do tipo passivo ou submisso. Era forte, confiante e decidido. Respeitado em sua área profissional, ex-atleta na faculdade, ele também era profundamente espiritual.

Sheila recebeu o que pediu, porque afirmou isso mentalmente até a ideia chegar ao ponto de saturação. Em outras palavras, ela se uniu com sua ideia mental e emocionalmente, fazendo dessa ideia, portanto, algo inevitável em sua vida.

Sabendo quando terminar um relacionamento

Decidir terminar um relacionamento com um companheiro próximo é em grande parte uma questão individual. Não há uma resposta genérica que seja válida para todo mundo. Em alguns casos, é claro, o casal desde o começo nunca devia ter ficado junto. Em outros, terminar o relacionamento não é o melhor rumo a tomar. Terminar pode ser a decisão certa para um casal e a errada para outro.

No caso de casamento, o divórcio pode ser a decisão mais honrada e prudente. Por exemplo, uma vez fui consultado por uma mulher cujo marido lhe batia e a roubava para manter seu vício em drogas. Ela tinha crescido acreditando que o casamento é sagrado e eterno e que, por consequência, o divórcio é imoral. Expliquei a essa mulher que o verdadeiro casamento vem do coração. Se dois corações se combinam em harmonia, com amor e sinceridade, esse é o casamento ideal.

Após a explicação, ela soube o que fazer. Soube em seu coração que não há lei divina que a obrigue a ser intimidada, desmoralizada e espancada apenas porque alguém uma vez disse "Eu os declaro marido e mulher".

Se estiver em dúvida sobre o que fazer, peça orientação. Saiba que sempre há uma resposta e você vai recebê-la. Siga a principal ideia que surgir a você no silêncio de sua alma. Ela fala com você em paz.

Caminhando para um término

Uma vez conversei com um jovem casal que estava junto havia cerca de um ano e consideravam terminar. Eles se amavam, mas o ciúme e o medo de rejeição do homem estavam causando uma grande tensão entre os dois. Ele esperava rejeição e acreditava que ela seria infiel. Esses pensamentos assombravam sua mente a ponto de deixá-lo obcecado.

A atitude mental dele era de separação e desconfiança. A mulher estava ficando indiferente ao parceiro, e isso era consequência do sentimento dele, que estava provocando esse afastamento. A atmosfera de separação operando através da mente subconsciente do jovem resultou em uma condição ou ação de acordo com o padrão mental por trás dela. Há uma lei de ação e reação, de causa e efeito. O pensamento é a ação, e a resposta do subconsciente é a reação.

A namorada acabou por deixá-lo — exatamente o que ele temia e acreditava que ela ia fazer. O rompimento não foi surpresa; o rapaz havia plantado esse pensamento no solo fértil de seu subconsciente.

Quando eu os conheci, os dois estavam cheios de ressentimento, medo, desconfiança e raiva. Essas emoções enfraquecem, exaurem e debilitam. Eles estavam vivendo a verdade universal de que o ódio divide, enquanto o amor une. Como já mencionado ao explicar o funcionamento do consciente e do subconsciente, o casal começou a perceber que estava usando equivocadamente suas mentes e lançando o caos e a desgraça sobre si mesmos.

Por minha sugestão, eles se reconciliaram e experimentaram a terapia da afirmação. Começaram a irradiar amor, paz e boa vontade um para o outro. Ambos praticaram irradiar harmonia, saúde, paz e amor um para o outro e visualizar o relacionamento ideal. Como resultado desse esforço sincero e de criar uma imagem mental de seu relacionamento amoroso, eles desabrocharam juntos, com seu relacionamento ficando mais belo a cada dia.

O parceiro emocionalmente carente

Quase todo mundo gosta de se sentir necessário, mas, quando alguém exige atenção constante, a carência pode se tornar irritante. Muitas vezes, as pessoas exigem atenção por se sentirem negligenciadas. Seu desejo legítimo por amor e afeição se expressa de um jeito que afasta a pessoa amada em vez de aproximá-la.

Se você está em um relacionamento íntimo com alguém que exige sua atenção constante, isso em geral é sinal de que a pessoa se sente insegura na relação. Dê mais atenção a ela e demonstre seu apreço. Lembre-se do que atraiu você para seu companheiro ou companheira quando vocês se conheceram e elogie tudo o que ama nele ou nela.

Outra forma de carência excessiva é um desejo de fazer seu parceiro se adaptar a um padrão ideal de comportamento com o qual a pessoa nunca concordou. Há poucas maneiras mais rápidas de afastar um parceiro. Os casais devem atentar para não ficarem sempre procurando pequenas falhas ou erros um no outro. Cada um deve dar atenção e louvar as qualidades maravilhosas de seu parceiro.

O parceiro que remói

Em um relacionamento longo, pode haver um momento em que você ou seu parceiro fique chateado ou ressentido com alguma coisa. Em vez de expor a questão e resolvê-la, um ou os dois parceiros internalizam seus sentimentos e ficam os remoendo — ou seja, pensando profundamente em algo que o deixa infeliz, e isso se manifesta no comportamento e no rosto da pessoa.

Ficar ressentido com o parceiro em silêncio não é melhor do que demonstrar que está magoado. Pode ser até pior, porque seu parceiro talvez não saiba o que te deixa ressentido ou como retratar qualquer erro do qual você sinta ter sido vítima. De certa forma, é como ser infiel com seu parceiro — infiel a seu compromisso, dito ou não, de amar e respeitá-lo.

Remoer é uma escolha. Você pode escolher deixar de lado o ressentimento e a raiva e tentar ter consideração, ser simpático e gentil. Pode escolher não se incomodar com uma divergência de opinião ou decidir resolvê-la. Através de elogios e esforço mental, é possível superar qualquer antagonismo que sinta. Ao mergulhar o subconsciente em pensamentos de paz, harmonia e amor, você perceberá que vai se dar melhor não apenas com seu parceiro, mas com todo mundo em sua vida. Entre em um estado harmonioso, e com o tempo você vai encontrar paz e harmonia.

Evite o grande erro

É um grande erro discutir os problemas de relacionamento com vizinhos e familiares. Imagine, por exemplo, que Crystal diga a sua amiga: "Não sei o que fazer com Cole. Ele odeia minha mãe e costuma ser abusivo e ofensivo."

Crystal está falando mal de Cole e o diminuindo aos olhos de todo mundo com quem fala. Além do mais, ao discutir e alimentar esses problemas, ela na verdade está criando esses estados em sua mente. Quem está pensando e sentindo? Ela! E as pessoas se tornam o que pensam e sentem.

Além do mais, familiares geralmente dão o conselho errado. Como não partem de um ponto de vista impessoal, costumam ser tendenciosos e preconceituosos. Qualquer conselho que você receba que viole a regra de ouro, que é uma lei cósmica, não é bom nem sensato.

Lembre-se: nunca aconteceu de dois seres humanos viverem sob o mesmo teto sem tensões, conflitos e mágoas. Nunca exiba o lado ruim de seus relacionamentos íntimos para os amigos. Guarde as desavenças para você. Evite criticar e condenar seu parceiro.

Não tente mudar seu parceiro

Parceiros não deveriam querer fazer do outro uma versão de si mesmos. A tentativa imprudente de mudar alguém próximo de você é uma afronta — uma afirmação sutil de que eles precisam mudar para conquistar seu amor. Essas tentativas são sempre tolas e muitas vezes levam à separação. Tentar mudar alguém destrói o orgulho e a autoestima, e isso muitas vezes o deixa ressentido.

Ajustes são necessários, é óbvio. Nenhum de nós é perfeito, e isso também vale para parceiros de casamento. Mas, se você der uma boa olhada no interior de sua mente e estudar sua personalidade e seu comportamento, vai encontrar infinitas imperfeições. Se pensar "Vou transformá-lo no que desejo", estará procurando problema e pedindo para ser infeliz. Vai ter que aprender do jeito difícil que a única pessoa que tem o poder de mudar é você mesmo.

Quatro passos para o companheirismo harmonioso

Depois de encontrar seu companheiro ideal, continue a manter e aprofundar seu relacionamento seguindo estes quatro passos:

1. No fim de cada dia, perdoem um ao outro. Esqueçam as pequenas irritações e decepções.

2. Quando acordar de manhã, lembre-se de que a inteligência infinita o está guiando por todos os seus caminhos. Transmita pensamentos de paz, harmonia e amor para seu companheiro, para todos os familiares e para o mundo.

3. Quando vocês se sentarem juntos para fazer as refeições, agradeça pela comida maravilhosa, por sua fartura e por todas as suas bênçãos. Não permita que problemas, preocupações ou discussões atrapalhem a harmonia de jantarem juntos. Diga para seu parceiro: "Valorizo tudo o que você faz e irradio amor e gentileza para você o dia inteiro."

4. Revezem-se toda noite afirmando o apreço e a admiração um pelo outro. Não ache que seu parceiro estar ali é uma coisa garantida. Pense em apreço e boa vontade em vez de condenações e críticas. Para criar um relacionamento recompensador e satisfatório, construa-o sobre o alicerce de amor, beleza, harmonia, respeito e a sabedoria infinita que está guiando você.

Capítulo 13
DIVIRTA-SE MAIS

Brincar afeta e estimula a vitalidade, despertando toda a pessoa — mente e corpo, inteligência e criatividade, espontaneidade e intuição.

— Viola Spolin, *coach* de teatro norte-americana

TENHO A TEORIA DE QUE ESQUILOS são as criaturas mais felizes e produtivas do planeta. Eles passam o dia coletando, enterrando e desenterrando comida, e fazem intervalos frequentes para perseguir uns aos outros alegremente pela mata, às vezes saltando destemidamente do topo de uma árvore para outra. Nenhum outro animal que observei se diverte tanto. E ainda não vi um esquilo que pareça mal-humorado ou insatisfeito.

Por outro lado, observo todos os dias pessoas abençoadas com muito mais confortos que um esquilo vivendo com dificuldade, frustradas, decepcionadas, ansiosas, temerosas e deprimidas. O problema em geral é que elas estão trabalhando demais fazendo algo que odeiam ou estão criando (ou permitindo que outras pessoas criem) drama em suas vidas que rouba sua energia, reduz sua criatividade e destrói a alegria interior. O problema básico é que ainda não descobriram o poder do subconsciente. Como resultado, simplesmente não estão se divertindo o bastante.

Diversão é definida como "divertimento, entretenimento ou prazer despreocupado", e é quase tão essencial para nossa saúde e bem-estar quanto atividade física, engajamento social e sono. Aqui há uma lista de dez benefícios de se divertir:

- Alívio do estresse.
- Aumento da criatividade.
- Melhoria de habilidades sociais.
- Ajuda a curar feridas emocionais.
- Melhoria da memória.
- Restauração da energia.
- Aumento de produtividade.
- Melhoria de sua vida amorosa.
- Melhoria do sono.
- Faz você se sentir revigorado.

Não estou sugerindo que aja como um esquilo (animado de um jeito excêntrico), mas recomendo que, se você não está sorrindo e rindo pela maior parte da maioria dos dias, faça um esforço consciente para se divertir mais. Este capítulo o ajudará a fazer exatamente isso.

Qual é sua ideia de diversão?

Costumamos saber o que nos diverte, mas fazemos isso tão raramente que nos esquecemos. Passe alguns momentos realizando uma autoexploração para identificar as atividades que divertem você. Responda às seguintes questões:

- De que tipo de atividade você mais gosta? Jogos de tabuleiro, videogames, esportes, hobbies, cantar, dançar, ler, assistir a filmes, acampar, colecionar (cartões, moedas, selos, brinquedos), solucionar mistérios? Seja o mais específico possível.

- Se pudesse fazer qualquer coisa para se divertir sem se preocupar com dinheiro, o que faria?
- Descreva suas férias ideais de 15 dias (quando, onde, com quem, atividades e assim por diante).
- Pense nas pessoas que você conhece que são mais divertidas de estar por perto. O que faz com que elas sejam tão divertidas?
- Descreva o momento em que você mais se divertiu.
- Explore o Pinterest e outros sites e escreva uma lista de coisas que você gostaria de fazer.
- Sempre que pensar "Nossa, isso parece divertido" ao vir alguém fazendo alguma coisa, anote.

Grave sua ideia de diversão no subconsciente

Crie um mural (uma colagem) de todas as atividades divertidas que você gostaria de fazer. Você pode criá-lo em algumas horas ou passar várias semanas ou meses encontrando imagens. O importante é que o processo de criar o mural leve você a pensar em se divertir.

Pendure esse mural em um lugar onde possa vê-lo todo dia, de preferência várias vezes por dia. Seu mural vai ser um lembrete diário para você se divertir mais e vai reforçar a ideia de diversão, gravando-a em sua mente subconsciente.

Assista a vídeos na internet ou a programas de TV de pessoas se divertindo, fazendo atividades que você acha que poderia gostar. Assistir a esses conteúdos é um passo eficaz entre pensar em uma atividade e fazê-la. Isso alimenta sua imaginação e provoca respostas emocionais positivas ao fornecer instruções valiosas de como fazê-lo. O Pinterest e o Instagram também podem ser eficazes.

Ao alimentar sua mente com imagens de atividades divertidas, repita a seguinte afirmação duas ou três vezes por dia com um sorriso no rosto:

> Estou me divertindo demais. É divertido estar comigo e estou cercado por pessoas inteligentes, estimulantes e cheias de energia fazendo o que amo e no lugar onde quero estar.

Torne atividades sem graça mais divertidas

Não é preciso limitar a diversão a atividades especiais fora de sua rotina diária. Você pode tornar todo dia mais divertido em casa, na escola, no trabalho e em qualquer outro lugar onde passe seu tempo. Aqui há algumas sugestões para tornar até as atividades mais corriqueiras mais divertidas (você não precisa fazer todas elas, mas experimente pelo menos algumas):

- **Altere suas rotinas.** Pegue um caminho ou meio de transporte diferente para a escola ou o trabalho. Coma algo diferente no café da manhã. Faça com alguém uma tarefa que você em geral faz sozinho.

- **Escute música de manhã.** Se você tende a acordar de mau humor ou tem dificuldade para sair da cama, experimente ouvir uma música animada. A música realmente pode preparar você para começar o dia com energia positiva.

- **Cante, dance.** Cante no chuveiro, dance enquanto estiver se vestindo.

- **Observe as pessoas.** Passe algumas horas no centro da cidade, em um parque, em um shopping movimentado ou em algum outro lugar com muitas pessoas e observe. Isso pode ser divertido. Ao mesmo tempo, isso desvia sua atenção de problemas e preocupações que possa ter.

- **Faça alguma coisa estranha em público.** Quando estiver em um lugar movimentado, você não é o único observando pessoas; elas estão observando você. Faça algo inesperado. Declame um poema em sua viagem de ônibus, dance no parque. Se tiver uma plateia, isso vai tornar seus dias mais divertidos também!

- **Puxe papo com um estranho.** Se estiver esperando na fila em um café ou sentado ao lado de alguém em um evento esportivo, diga alguma coisa. A maior parte das pessoas fica apenas olhando fixamente para a frente ou para os sapatos umas das outras. Ao iniciar uma conversa, você muda totalmente a dinâmica e torna a espera mais agradável.

- **Vá a um novo restaurante.** Em vez de comer em seu restaurante favorito, experimente alguma coisa nova.

- **Faça uma pegadinha com um amigo ou familiar.** Se você é muito próximo de alguém que tenha senso de humor, faça uma pegadinha com a pessoa para tornar o dia mais divertido e memorável para vocês dois. Encha o carro da pessoa de balões, por exemplo. (Assegure-se de que a brincadeira seja divertida para os dois, nada de brincadeiras maldosas.)

- **Mude sua aparência.** Roupas, sapatos, cabelo ou acessórios diferentes podem renovar sua visão de vida e mudar de forma sutil o jeito com que outras pessoas interagem com você, o que pode ser divertido de observar.

- **Personalize o ambiente.** Você pode mudar os móveis de lugar ou pensar em uma decoração diferente.
- **Convide um amigo ou colega de trabalho para fazerem alguma coisa juntos.** Às vezes, fazer uma tarefa de rotina, como passear com o cachorro, com alguém que você gosta é suficiente para torná-la divertida e empolgante.

Descreva o que você fez para tornar uma tarefa de rotina mais divertida e como isso transformou a experiência, tanto em termos do que aconteceu quanto como fez você se sentir.

Encha sua mente de sorrisos e risadas

Um sinal garantido de que alguém está se divertindo são os sorrisos e as risadas. Percebi que pessoas que não sorriem nem dão risadas o suficiente em geral são aquelas que enchem suas mentes com pensamentos sérios e tristes. Elas passam tempo demais acompanhando as notícias, se preocupando e reclamando sobre como o mundo está, mesmo quando isso tem pouco impacto, se é que tem algum, em suas vidas.

Um jeito de se divertir mais na vida e enchê-la de sorrisos e risadas é parar de alimentar a mente com material negativo e começar a alimentá-la com conteúdo estimulante.

Comece prestando muita atenção ao que sua mente está consumindo diariamente de diversas fontes: pessoas, noticiários, programas de TV, filmes, música, videogames e assim por diante. Por pelo menos dois dias mantenha um registro das coisas a que sua mente está exposta e como isso faz com que você se sinta (feliz, inspirado, triste, irritado, ansioso, decepcionado).

Tente reduzir o consumo de sua mente de conteúdo que deixa você deprimido, ansioso ou irritado e aumente sua exposição a conteúdos que o façam sorrir e dar risadas. Aqui há algumas ideias:

- Filmes engraçados.
- Podcasts divertidos.
- Séries de comédia.
- Shows de humoristas.
- Livros de piadas.
- Livros divertidos (peça uma indicação a um bibliotecário ou livreiro ou pesquise na internet).
- Vídeos engraçados em sites como o YouTube ou o TikTok.
- Histórias em quadrinhos.

Segundo a frase atribuída a diversos autores no passado, "a vida é uma tragédia para aqueles que sentem e uma comédia para aqueles que pensam". Ao aumentar sua exposição à diversão, sua perspectiva começa a mudar. O humor permite que você transcenda o que poderia fazê-lo chorar ao rir da situação.

Capítulo 14
VIAJE PELO MUNDO

Nada desenvolve tanto a inteligência quanto viajar.
— Émile Zola, romancista, jornalista e dramaturgo francês

UMA DAS MELHORES MANEIRAS DE EXPANDIR sua consciência é viajar para lugares desconhecidos pelo mundo e mergulhar em culturas diferentes da sua. Ao viajar, você é exposto a ambientes, perspectivas, valores e estilos de vida diversos e tem a oportunidade de ver sua própria cultura e suas crenças de uma certa distância.

Infelizmente, muitos de nós se tornam tão confortáveis e acomodados na situação em que se encontram na vida, que não têm a energia nem a iniciativa de explorar lugares desconhecidos. Ou, tomados por um medo paralisante do desconhecido, nos recusamos a nos mexer. Como resultado, negamos a nós mesmos muitos desses benefícios de viajar pelo mundo:

- Aumenta a criatividade.
- Melhora habilidades de comunicação.
- Expande sua perspectiva.

- Estimula sua confiança.
- Aumenta seu conhecimento e entendimento do mundo e de si próprio.
- Aumenta seu prazer com a vida.
- Melhora sua saúde.
- Ajuda você a descobrir seu propósito de vida.
- Aumenta seu apreço pela sua casa.
- Torna você mais humilde.
- Torna você mais compreensivo com as pessoas.
- Aumenta sua interconectividade com os outros.

Se você nunca viajou para outro país, incentivo fortemente que faça isso, sobretudo enquanto é jovem. Na juventude, você tem menos responsabilidades que o prendam a um lugar. Claro, você também tem menos dinheiro, mas, graças ao poder do seu subconsciente, as despesas de viagem nunca são um obstáculo intransponível. Além disso, sempre há métodos para tornar as viagens mais baratas, como tirar proveito de programas para estudar no exterior ou conseguir um emprego no destino de sua escolha. Familiares ricos podem ser outra possibilidade a se considerar. Só não deixe preocupações com dinheiro afetarem seus planos de viagem — qualquer preocupação com dinheiro vai afastá-lo de sua vida.

Escolha um destino

Antes de viajar para qualquer lugar, é necessário ter um destino em mente. Aonde quer ir?

Se não tem ideia, olhe para um mapa-múndi. Melhor ainda, pendure um grande mapa-múndi em um lugar de destaque em seu quarto, por exemplo. Além de ser uma inspiração para viagens futuras, ele pode servir como um registro de lugares aos quais você já foi e daqueles que quer visitar.

Outra abordagem para atiçar sua imaginação é pensar em por que quer viajar ou no que planeja fazer quando chegar aonde quer que esteja indo. Responda às seguintes perguntas para começar a pensar no propósito de sua viagem:

- Você está procurando um lugar para se aventurar ou relaxar? Por exemplo, acampar e fazer trilhas na Floresta Amazônica ou ficar descansando na praia? Seja específico.
- Metrópole agitada ou interior sereno?
- Educativa, cultural, apenas para diversão ou todas as anteriores?
- Trabalho ou diversão?
- Se conectar com habitantes locais, viajar com amigos/família ou os dois?
- Quais idiomas você prefere?
- Que culinária você gostaria de experimentar?

A inteligência infinita, acessível através do poder de sua mente subconsciente, pode guiá-lo na escolha do destino ideal para você. Ela sabe do que você gosta e do que precisa nesse momento de sua vida e sabe tudo sobre todos os lugares do planeta. Consulte seu subconsciente à procura de orientação repetindo a seguinte afirmação várias vezes por dia:

> A inteligência infinita sabe quem eu sou, do que preciso e onde quero realmente estar em todos os momentos da vida, e ela revela o destino de viagem ideal para mim nesta fase da minha vida.

A resposta pode aparecer em um sonho ou como a vontade inexplicável de visitar determinado lugar. Ela pode surgir como a sugestão de um amigo ou de um membro da família, algo que você vê na TV ou na internet, ou em um filme ou folheto de viagens que chega para você pelo correio, durante uma aula na escola ou de alguma outra maneira. Você pode confiar em seu subconsciente para fornecer a resposta, mas não pode determinar como ele transmite essa resposta.

Ponha sua mente no jogo

Assim que resolver viajar para algum lugar, comece a planejar a viagem. O processo de planejamento vai ajudá-lo a cristalizar a imagem mental da viagem e a gravá-la em seu subconsciente, de modo que ele possa começar a determinar toda a logística. Aqui há algumas sugestões para botar tanto seu consciente quanto seu subconsciente no jogo:

- Crie um mural (uma colagem) com o seu destino. Inclua fotos de lugares que gostaria de visitar, as pessoas da área, a flora e a fauna, atividades que gostaria de fazer lá e assim por diante.
- Leia livros e assista a filmes ambientados em seu país de destino.
- Explore modos de viajar (como você planeja chegar lá e se deslocar pelo lugar)? Pense em aviões, trens, automóveis, carros, barcos e caminhadas.
- Pesquise o destino. Você pode encontrar bastante informação na internet e em outros lugares. Aqui está uma lista curta de fontes para conferir:
  - Vídeos no YouTube.
  - Podcasts de viagens.
  - Blogs de viagens (pesquise pelo nome do país seguido de "blogs").

- - Documentários sobre viagens.
  - Revistas de viagens.
- Verifique diferentes modalidades de hospedagem como:
  - Hostel (hospedagem de baixo custo e por períodos curtos).
  - Aluguel por temporada, como os disponíveis no Airbnb.
  - Programas de estudos no exterior (no qual você se hospeda na casa de uma família anfitriã). Também procure em programas para fazer estágios, ser voluntário, dar aulas e trabalhar no exterior.
  - Faculdade — inscreva-se em uma faculdade e fique em um alojamento no *campus* ou fora dele.
  - Apartamentos (para uma ou mais pessoas).
- Fale sobre sua viagem. Falar sobre ela não apenas engaja sua mente, mas também informa a outras pessoas que podem ser capazes de oferecer ajuda — conselhos de viagem, pessoas conhecidas que vivem no exterior, dinheiro, e por aí vai.
- Tire seu passaporte. Para detalhes sobre como obter um passaporte brasileiro, visite gov.br/pt-br/servicos/obter-passaporte-comum-para-brasileiro.
- Se viajar para um lugar cujo idioma você não conhece, comece a aprender algumas palavras e frases básicas, como *olá*, *por favor*, *obrigado* e *meu nome é...*
- Explore a logística financeira (como vai conseguir dinheiro para pagar pelas coisas) — usando uma conta bancária, cartões de crédito, cartões de débito, caixas eletrônicos, plataformas digitais de pagamentos.

- Faça um orçamento da viagem.
- Faça uma lista do que deve levar na mala.

Além de engajar sua mente, cada uma dessas tarefas leva você um passo mais perto de fazer a viagem, de modo que, quando chegar na fase de realmente planejá-la, isso não vai parecer uma tarefa tão grande. O que pode começar parecendo um passo enorme se torna um passo curto até sua partida.

Explore sua cidade e seu país

Viajar pelo mundo é o maior objetivo, mas você pode encontrar aventuras e explorar comidas e culturas diferentes dentro dos confins de sua cidade e de seu país. Mesmo cidades relativamente pequenas têm museus, lugares históricos, restaurantes com diferentes culinárias, eventos esportivos, festivais culturais, shows, parques, reservas biológicas e mais. Aqui há algumas sugestões para expandir sua consciência por meio de viagens por sua cidade ou seu país:

- Estabeleça como objetivo visitar um lugar novo em sua cidade ou nos arredores toda semana ou pelo menos uma vez por mês.
- Consulte a secretaria de turismo de sua cidade para saber mais sobre atrações, lazer, lojas, restaurantes e eventos locais. A maioria das cidades ou municípios têm sites; pesquise por sua cidade ou seu município no Google.
- Se sua cidade tem um sistema de transporte público, use-o. Ande de ônibus sem ter um destino em mente.
- Vá a um evento local, como uma feira de produtores, um show ou um festival. Não deixe de dar atenção à cultura local.

- Faça caminhadas longas pela vizinhança. Você nunca sabe o que vai descobrir.

- Visite um museu, biblioteca ou centro histórico.

- Pare em um mercado com produtos de outros países e puxe papo com alguém que esteja trabalhando ou fazendo compras nele.

- Vá para a praia, cachoeira, lago ou rio mais próximo para um dia de pescaria, passeios de barco ou para nadar.

- Visite um parque ou reserva biológica e passe algumas horas explorando o que ele tem a oferecer.

- Explore prédios de acesso público, como a prefeitura, a assembleia, uma biblioteca ou um centro comunitário.

Capítulo 15
SAIA-SE MUITO BEM NÃO SÓ NA ESCOLA

Desenvolva uma paixão por aprender. Se fizer isso, nunca vai parar de crescer.
— Anthony J. D'Angelo, escritor e educador

UM DOS MAIORES OBSTÁCULOS QUE ENCARAMOS no caminho rumo ao sucesso na vida é uma habilidade ou disponibilidade para aprender prejudicada. A causa disso costuma ser a falta de disciplina e persistência, mas também pode ser falta de vontade, interesses conflitantes e compromissos (que nos deixam sem tempo), arrogância (achamos que sabemos tudo), medo (temos medo de tentar), falta de confiança (achamos que simplesmente não somos bons), alimentação pouco saudável, privação de sono ou uma série de outros fatores.

Como humanos, podemos ter todo tipo de desculpa para não aprender, mas o que não podemos fazer é pôr a culpa disso em nosso cérebro. O cérebro humano é um órgão incrível e, graças à neuroplasticidade, ele é capaz de aprender e melhorar o próprio desempenho. A neuroplasticidade envolve a habilidade de criar novos neurônios e desenvolver novos caminhos neurais (conexões entre neurônios).

Embora não pensemos muito nisso, quando aprendemos, nosso cérebro está em um processo constante de reestruturação, então, quanto mais revisamos e praticamos, mais inteligentes ficamos, e mais fácil se torna realizar uma tarefa complexa, como tricotar um suéter, tocar um instrumento musical ou se comunicar em uma língua estrangeira.

Sim, aprender algo novo exige algum esforço, mas, da mesma forma que você precisa se exercitar para desenvolver os músculos, seu cérebro deve fazer algum esforço para promover o desenvolvimento de neurônios e caminhos neurais. Aprender nem sempre é fácil, mas é sempre recompensador.

Eles diziam que eu não ia servir para nada

Uma vez um faz-tudo de 32 anos me contou que aos 18 anos abandonou o ensino médio. Ele disse que não ia bem na escola porque estava mais interessado em socializar e se divertir, e que seus professores lhe diziam que ele "nunca ia servir para nada".

Naquela época, ele abriu o próprio negócio de poda de árvores. Depois trabalhou na construção civil, aprendeu a revestir casas de madeira, instalar telhados, fazer trabalhos de eletricista e bombeiro hidráulico, reformar cozinhas e banheiros, entre outros serviços. A única coisa que ele disse que não sabia fazer era instalar carpetes. Durante 14 anos, se tornou um trabalhador habilidoso, ergueu um negócio lucrativo, começou uma família e estava correndo atrás de seu sonho de se mudar com a família para o Alasca e ser um caçador. Acredito que ele vai realizar esse sonho.

Esse jovem podia ser um mau aluno na escola, mas obviamente tinha o potencial para aprender. Ele só não tinha motivação. Ao encarar o desafio de ganhar a vida e sustentar sua família, ele encontrou motivação, o ingrediente que faltava, e entrou na autoestrada para uma vida recompensadora e de sucesso.

Motive-se para ter sucesso na escola

Não aconselho abandonar a escola. Meu conselho é que você encontre motivação para ir bem. Alguns professores sabem incentivar os alunos muito bem; outros, não. Não conte com os professores para motivá-lo. Motive a si mesmo. Cultive um sentimento de curiosidade e fascinação por você mesmo e o amor por aprender.

Muitas vezes ouço estudantes reclamarem que não vão usar na vida o que estão aprendendo na escola. Eles questionam a relevância de aprender uma língua estrangeira, escrever redações e estudar história ou geometria. Mas a verdade é que o aprendizado nunca é desperdiçado. Ele reforça a mente e fornece a ela informação e entendimento valiosos para analisar situações e problemas de diversos pontos de vista. Além disso, aprender abastece a criatividade, enriquece nossa mente e expande nossa consciência.

Experimente as seguintes técnicas para se motivar e otimizar seu desempenho acadêmico:

- Priorize aprender e fazer, e não as notas. Entender e reter a matéria vai resultar naturalmente em notas mais altas.
- Preste atenção e participe das aulas. Assim, você vai tirar mais proveito delas.
- Estabeleça uma rotina de estudo com blocos fixos de tempo dedicados a estudar.
- Descubra ou crie alguns ambientes de estudo livres de distração. Então use-os.
- Estude por períodos curtos, com pausas. Você aprende melhor quando sua mente está fresca, e pausas dão a seu cérebro tempo para processar a nova informação.

- Encontre um colega para estudar com você ou organize um grupo de estudo.
- Reforce o que está aprendendo com outros materiais, como um livro ou um documentário sobre o assunto.
- Fale positivamente consigo mesmo. Se está com dificuldade em uma matéria, por exemplo, recite a seguinte afirmação:

[Matéria ou nome do curso] é fascinante. Aprendo mais sobre [o tema] todos os dias, e, quanto mais aprendo, mais fácil fica. Faço perguntas e procuro ajuda quando necessário, e meu professor e meus colegas me dão muito apoio. Entrego todas as tarefas no prazo e me sinto bem preparado para as avaliações.

O que você quer aprender em seguida?

Henry Ford disse uma vez: "Todo mundo que para de aprender é velho, seja aos vinte ou aos oitenta. Todo mundo que continua aprendendo permanece jovem." Para permanecer jovem e vibrante, esteja sempre aprendendo. Encontre um tema ou habilidade que interesse a você, algo em que vai pensar até na hora de dormir e que vai acordar com fome de aprender, então domine isso. Pode ser uma disciplina na escola, como matemática ou física, uma atividade extracurricular, como tocar um instrumento ou atuar, uma habilidade como marcenaria ou costura, ou qualquer atividade interessante que gostaria de explorar, como a teoria dos jogos. Se você tem paixão por um assunto ou um forte desejo de desenvolver uma nova habilidade, aprender vai ser fácil porque você vai curtir o processo.

Tire algum tempo para explorar seus interesses respondendo às seguintes perguntas:

- Que habilidade você mais gostaria de ter? Por exemplo, falar em público, carpintaria, programação, culinária, fazer windsurfe, tricotar.
- O que deixa você mais curioso ou fascinado? Sobre o que gostaria de saber mais? Por exemplo, comportamento humano, saúde/medicina, relacionamentos, história, natureza, óvnis.
- Qual problema mais urgente você solucionaria se soubesse como fazer isso?
- Se pudesse contratar um especialista para lhe ensinar alguma coisa, o que seria?
- O que gostaria de saber bem o bastante para ensinar?

Confie em seu subconsciente para guiá-lo

Imagine ter um mentor guiando você em suas decisões educacionais ou profissionais, alguém que o conheça profundamente, defenda seus melhores interesses, esteja familiarizado com seu estilo favorito de aprendizagem e conheça todas as melhores fontes de informação para orientá-lo. Esse mentor imaginário seria como um pai ou um professor, mas conheceria você muito melhor, teria um conhecimento superior dos recursos educacionais disponíveis e poderia atrair esses recursos para si.

Você já tem esse mentor: seu subconsciente. Só precisa confiar nele e pedir a ajuda dele.

Repita a seguinte afirmação várias vezes por dia:

> A inteligência infinita me conhece e compreende o que eu preciso saber para viver uma vida próspera, recompensadora e empolgante. Ela me orienta em meus estudos e traz pessoas e outros recursos de aprendizado para minha vida nos momentos apropriados. Acredito em mim e em minhas

habilidades, e aprendo com facilidade qualquer coisa que eu decida aprender.

Familiarize-se com as coisas

Aprender pode levar tempo, mas não precisa ser difícil. Na verdade, quanto mais perto você chega de dominar um assunto ou habilidade, mais fácil isso se torna. Alguns conhecimentos ou competências ficam tão enraizados que, com o tempo, você chega a um ponto em que eles exigem pouco ou nenhum esforço consciente para serem resgatados. Todo conhecimento é transferido para o subconsciente e, por meio de repetição, você desenvolve memória muscular. Você já desenvolveu memória muscular para diversas habilidades, como andar, falar, andar de bicicleta, praticar um esporte, escovar os dentes e por aí vai.

Ao revisar uma matéria ou praticar uma habilidade, seu cérebro desenvolve novos neurônios e caminhos neurais, então aprender depende mais de repetição do que de trabalho duro. Você não precisa aprender tudo ou dominar um assunto de uma vez só. Tentar fazer isso pode tornar seu aprendizado opressor e os obstáculos ao aprendizado, insuperáveis. Estude e pratique com regularidade sem esperar aprender tudo o que precisa saber em uma única sessão.

Concentre-se menos no objetivo e mais no processo, gastando um tempo mínimo a cada dia para estudar e praticar. Confie em seu subconsciente para formar os neurônios e as redes neurais necessários para estruturar o conhecimento, a compreensão e qualquer coordenação muscular necessários.

Lembre-se das habilidades complexas que você agora domina e que desenvolveu aos poucos: engatinhar, caminhar, falar, andar de bicicleta, escrever. Parece que você dedicou muito esforço para desenvolvê-las? Você se lembra de quanto tempo e esforço foram exigidos? Acho que não, porque desenvolver essas habilidades não foi difícil. Elas se desenvolveram natural e gradualmente por meio de tentativa e erro e muita repetição.

Imagine aprender qualquer coisa com a mesma facilidade. Agora convença sua mente disso.

Durma e aprenda

Na juventude, o clarividente norte-americano Edgar Cayce, conhecido como "o profeta adormecido", tinha dificuldade para soletrar até as palavras mais simples, como *pena*. Uma noite ele pegou no sono em cima do livro de inglês. Quando acordou, ele sabia soletrar todas as palavras contidas nele.

Não estou sugerindo que aprender é assim tão fácil nem recomendo que você estude matemática botando seu livro didático embaixo do travesseiro à noite. Conto essa história para mostrar que dormir favorece o aprendizado. Você pode passar várias horas estudando um assunto ou tentando memorizar um texto sem fazer muito progresso, e então dormir à noite e acordar sabendo tudo perfeitamente.

O sono auxilia o aprendizado de duas maneiras: a primeira é que, durante o sono, o cérebro processa informação e forma lembranças. A outra é que o sono suspende o pensamento consciente, permitindo que o subconsciente entregue o conhecimento e a compreensão.

Se você tiver dificuldade com um assunto ou tentar memorizar alguma coisa, alterne períodos de estudo com períodos de sono. Dê a sua mente o tempo de que ela precisa para processar a informação.

Cuide da saúde e de seu cérebro

Seu cérebro é mais poderoso e adaptável do que qualquer supercomputador no planeta, mas você precisa cuidar bem dele. Para mantê-lo no auge da forma, siga estas sugestões:

- Tenha uma alimentação equilibrada, priorizando alimentos à base de plantas (hortaliças, frutas, castanhas, sementes e grãos). Inclua gorduras saudáveis — o cérebro humano é 60% gordura. Ácidos graxos com Ômega-3, encontrados sobretudo em peixes (os mais comuns são salmão, sardinha, arenque e anchova) e em algumas castanhas e sementes (nozes e sementes de chia especialmente), são essenciais para a saúde e o funcionamento do cérebro.

- Evite consumir qualquer alimento ou substância que prejudique o cérebro, como açúcar, aspartame, carboidratos refinados, gorduras trans saturadas, alimentos ultraprocessados, álcool, maconha e outras drogas ilegais.

- Durma de oito a dez horas por noite. O cérebro se desintoxica principalmente durante o sono. Negligenciar o sono cobra seu preço com o passar do tempo.

- Beba bastante água durante o dia para ajudar o corpo a se desintoxicar.

- Exercite-se com regularidade para manter o sangue circulando da forma apropriada no cérebro. Alterne exercícios cardiovasculares com treinamento de força para ter os melhores resultados. Seu cérebro precisa de oxigênio. Quando o fluxo sanguíneo para o cérebro é interrompido, uma pessoa perde a consciência em apenas dez segundos.

- Evite ao máximo estresse emocional e psicológico. Quando você começa a contar com a inteligência infinita para guiá-lo em tudo, sua vida e seus relacionamentos vão se tornar mais harmoniosos e pacíficos.

- Mantenha-se mentalmente ativo. Leia, escreva, solucione problemas ou quebra-cabeças, participe de jogos, aprenda algo novo, socialize.

- Proteja-se contra traumas na cabeça. Por exemplo, use capacete quando andar de bicicleta ou praticar esportes de contato.

Embora a mente transcenda o corpo de muitas maneiras, o cérebro é um componente chave no eixo mente-corpo. É ele que acaba proporcionando a você uma conexão vital com a consciência universal neste mundo físico. Cuide dele e use-o com sabedoria. As liberdades mais importantes que você tem são a liberdade de pensar e de escolher. Sem um cérebro forte e saudável, você as coloca em risco.

Capítulo 16
FAÇA DO MUNDO UM LUGAR MELHOR

Pessoas de sucesso têm a responsabilidade social de fazer do mundo um lugar melhor e não apenas tirar proveito dele.

— Carrie Underwood, cantora e compositora

NOSSO SUBCONSCIENTE NOS DÁ O PODER de fazer do mundo um lugar melhor, e temos a responsabilidade de fazer exatamente isso. Imagine qualquer desafio global que estejamos enfrentando no momento — pobreza, doenças, guerras, poluição, direitos humanos. Todos esses desafios são autoimpostos. Eles são os produtos de pensamentos distorcidos que se manifestam no mundo físico. São criados por humanos que não entendem nem apreciam o poder do subconsciente e, portanto, usam suas mentes de forma contraproducente. Todos os problemas, mesmo os problemas globais mais desafiadores, podem ser solucionados por humanos, mas as soluções exigem uma mudança de atitude.

A causa originária do problema mais sério e persistente do mundo é o *pensamento de soma zero*, a falsa crença de que alguém só pode ganhar uma coisa se outra pessoa perder algo de igual valor. Em outras palavras, para eu ganhar, você precisa perder. Essa premissa falsa cria um medo muitíssimo arraigado que leva ao egoísmo e à intolerância, em pequena escala, e à pobreza e à guerra, em escala global. Por um lado, o pensamento de soma zero estimula pessoas a lucrarem à custa de outras. Por outro, faz com que aquelas pessoas suscetíveis de perderem algo sintam como se estivessem vivendo sob a ameaça constante de que alguém vai tirar o que é delas.

O contrário do pensamento de soma zero é a inovação. Em vez de lucrar com a perda de uma pessoa, você inventa soluções que beneficiem não apenas si próprio, mas também outras pessoas. Suas inovações criam riqueza "do nada", melhorando a vida das pessoas e dando oportunidade para que elas lucrem com suas ideias. Pense só em todas as pessoas que ganham a vida com as ideias inovadoras de Steve Jobs (Apple), Elon Musk (Tesla) e Marissa Mayer (Google). Suas inovações os deixaram ricos, mas também produziram riqueza para milhares, se não milhões de outras pessoas. E todas elas começaram como sementes de pensamento plantadas no solo fértil do subconsciente.

Procure problema

Dizemos que alguém que está tentando provocar uma discussão ou briga está "procurando problema", que é algo que não deve ser estimulado. Entretanto, quando aconselho você a procurar problema, estou lhe dizendo para ser sensível aos problemas que as pessoas encaram. A maioria das invenções são soluções para problemas. Carros elétricos são uma solução para problemas como poluição, mudança climática e suprimento limitado de petróleo e gás; celulares resolvem o problema de manter contato quando você está longe de casa; a ratoeira resolve o problema de infestação de roedores.

Tire um tempo para pensar sobre as invenções que tornam sua vida mais fácil ou melhor. Faça uma lista das dez mais, citando a invenção e o problema que ela soluciona. (Tenha em mente que uma invenção não precisa ser um objeto tangível. Ela pode ser um serviço como o Spotify, uma organização como a Cruz Vermelha ou qualquer ideia nova para um livro ou outra criação.)

Leve consigo uma caderneta e, quando perceber um problema para o qual não há solução que você conheça, escreva uma descrição dele. Então pesquise o problema na internet para ver se já existe uma solução inovadora. Se não conseguir encontrar nada a respeito, é possível que tenha descoberto uma oportunidade de ouro para inventar uma solução que torne o mundo um lugar melhor e que pode deixar você bem rico.

Acione sua imaginação

O consciente é racional. O subconsciente é criativo. Se você está lutando racionalmente para pensar em uma solução para um problema, acione, em vez disso, seu subconsciente. Comece imediatamente a pensar de forma construtiva sobre o problema ou desafio que está encarando, confiando que a inteligência infinita tem a solução. Se está preocupado, você não está confiante. Confiança é a ausência de medo e dúvida.

Aqui estão os passos de uma técnica simples que você pode usar para receber orientação através do poder do seu subconsciente:

1. Silencie sua mente e mantenha seu corpo imóvel. Diga a seu corpo para relaxar; ele vai obedecer.
2. Foque sua atenção; concentre os pensamentos na solução do problema.
3. Tente resolver o problema com o consciente.
4. Pense em como vai ficar feliz quando descobrir a solução. Imagine como vai se sentir.

5. Deixe que sua mente brinque com esse estado de ânimo de alegria e contentamento de um jeito relaxado; então se entregue ao sono.

6. Ao acordar, se não tiver a resposta, ocupe-se com outra coisa. Quando você estiver preocupado com alguma outra coisa, a solução vai surgir de repente em sua mente.

Seja voluntário em uma causa

Uma das melhores maneiras de usar o consciente para beneficiar o mundo é se voluntariar para uma causa. Ao participar ativamente em uma organização com pessoas que compartilham de sua paixão, você transfere sua visão de um amanhã melhor para seu subconsciente, que vai trabalhar de forma incansável para manifestá-la no mundo físico. Além disso, seus pensamentos se unem com os pensamentos de outras pessoas do grupo para aumentar a consciência, através da consciência universal, do problema e da necessidade de uma solução.

Se você ainda não está apoiando uma causa com seu tempo e talentos, comece a pensar em uma causa pela qual você possa se apaixonar.

Pessoas que se oferecem como voluntárias são mais felizes, na média, que aquelas que não o fazem, o que não devia ser grande surpresa levando-se em conta os muitos benefícios de ser voluntário:

- Sensação clara de propósito.
- Consciência expandida.
- Participação em uma comunidade que tem os mesmos valores que você.
- Oportunidade de fazer novos amigos.
- Melhoria das habilidades sociais.

- Aumento da autoestima e da confiança.
- Treinamento gratuito para desenvolver novas habilidades.
- Potenciais indicações e referências para emprego.
- Possíveis oportunidades de viajar.

Medite

Ao longo da história, especialmente durante períodos desafiadores, líderes mundiais pediram a seu povo para rezar por tempos melhores — por chuva durante longos períodos de seca, vitória na guerra, unidade em meio à divisão, paz em tempos turbulentos. Há uma razão para isso: oração funciona. Mas não funciona como muitas pessoas pensam que funciona — com um ser divino descendo dos céus para intervir nas vidas dos humanos. Funciona aumentando a consciência coletiva de um grupo grande de pessoas que compartilham da esperança de um futuro pacífico e próspero.

Não gosto de usar a palavra *oração* porque ela é muito mal compreendida. Muitas pessoas oram simplesmente pedindo o que elas querem à entidade divina em que acreditam. Então, quando não conseguem retorno, ficam decepcionadas. Pior, a fé acaba diminuindo, tornando as orações futuras ainda menos eficazes.

Prefiro usar a palavra *meditar*, que enfatiza o pensamento acima das palavras. Meditar é pensar profundamente ou concentrar a mente em algo por um período de tempo. Algumas pessoas meditam para relaxar, mas esse também é um jeito eficaz de transferir pensamentos e emoções para o subconsciente.

Quando você meditar com o objetivo de tornar o mundo um lugar melhor, imagine o mundo perfeito. Eu vejo um mundo em que seus líderes colaboram para melhorar a vida de todos e a condição geral do planeta, onde todos vivem em paz e harmonia, os oceanos estão limpos e cheios de vida, a terra está coberta de campos e florestas repletos de criaturas fascinantes, o ar é fresco e floral, e a natureza e a tecnologia estão perfeitamente integradas — basicamente a utopia fictícia de Wakanda, lar do Pantera Negra, super-herói da Marvel, ou a sociedade utópica descrita no filme *Tomorrowland: um lugar onde nada é impossível*. Como se parece sua utopia?

Você também pode optar por tornar sua meditação mais focada. Por exemplo, pode visualizar florestas tropicais ao redor do mundo sendo restauradas, seus líderes no governo sendo guiados pela inteligência infinita, uma nova tecnologia que produz energia barata, colheitas fartas e redes de distribuição para garantir a segurança alimentar ao redor do planeta e oportunidades de trabalho recompensadoras para todos.

O segredo para uma meditação bem-sucedida não é simplesmente desejar ou pedir o mundo ideal. Você deve acreditar sem sombra de dúvida que seu subconsciente, trabalhando através da consciência universal, está fazendo com que sua visão se manifeste no mundo físico.

Lembre-se, do Capítulo 2, de que o pensamento deve ser permeado de forte emoção positiva para transferi-lo para o subconsciente. Ao criar a mensagem mental de sua utopia, deixe que seu coração se encha de alegria, assombro e gratidão por seu mundo real estar começando a se concretizar no mundo físico.

Recitar uma afirmação pode ajudar a impregnar sua imagem mental com forte emoção positiva. Aqui está um exemplo de uma afirmação que você pode usar:

> A inteligência infinita está criando o mundo perfeito de abundância e incrível beleza. Líderes mundiais estão sendo inspirados e estão dedicados a fazer o que é melhor e certo. Pessoas ao redor do mundo estão vivendo em paz e harmonia umas com

as outras e com a natureza. Tecnologias incríveis enriquecem nossas vidas. É uma alegria estar vivo. Estou cheio de gratidão.

Escreva sua própria afirmação para tornar o mundo um lugar melhor e recite para si mesmo várias vezes ao dia.

Seja generoso e compassivo

Uma das maneiras mais eficazes de tornar o mundo um lugar melhor é fazer de você mesmo uma pessoa melhor — uma pessoa mais generosa, compassiva e compreensiva. Você pode não ser capaz de mudar pessoas egoístas e indiferentes, mas pode melhorar a si mesmo, e qualquer melhoria que faça vai influenciar positivamente outras pessoas pelo seu exemplo.

- Perdoe os outros e a si mesmo. Dispa-se de toda raiva, amargura, ressentimento, arrependimento ou culpa.
- Encontre seu centro fora de si mesmo — em pessoas, atividades ou uma causa. Pessoas autocentradas tendem a ser egoístas, de mente fechada e infelizes.
- Ajude. Procure jeitos de tornar a vida mais fácil e mais agradável para as pessoas em sua vida.
- Seja educado. Dizer "por favor" e "obrigado" e tratar as pessoas com respeito e apreço não parece nada de mais, mas ajuda muito a construir um ambiente de paz e harmonia.
- Doe. Doar tempo, talentos e riquezas não apenas provoca uma boa sensação, mas também facilita o livre fluir de abundância e riqueza.

Capítulo 17
DESENVOLVA SEUS PODERES PSÍQUICOS

Descubra a verdade sob seus dons psíquicos ocultos e não apenas pare de pensar em si mesmo como louco, mas também se empodere para fazer uma diferença importante na vida de outras pessoas.

— Catherine Carrigan, curandeira médica intuitiva

ATRAVÉS DE SUA CONEXÃO COM A consciência universal, você tem poderes psíquicos — clarividência, clariaudiência, projeção astral, escrita automática, canalização, cura psíquica, precognição, visão remota, retrocognição, telecinese, levitação, telepatia e mais. Para resumir, vou explicar o que cada um desses poderes significa. Tudo que o impede de usá-los é a falta de conhecimento e prática. Você tem as habilidades, mas ainda não as desenvolveu. Isso não deve ser uma grande surpresa; afinal de contas, todo mundo tem a habilidade de tocar um instrumento musical, mas a maioria de nós não a desenvolveu.

É possível ver o futuro, curar a si mesmo e outras pessoas, viajar para recantos remotos sem sequer deixar o lugar em que está sentado e muito mais. Você simplesmente não desenvolveu essas habilidades.

Bem, isso está prestes a mudar. Neste capítulo, descrevo várias habilidades psíquicas, explico como usar o poder do seu subconsciente para desenvolvê-las e conto várias histórias de pessoas que demonstraram essas habilidades incríveis.

Reconhecendo diferentes poderes psíquicos

Em geral, pensamos em poderes psíquicos só nos domínios da ficção científica e dos super-heróis. Magneto, de *X-Men,* pode manipular objetos metálicos com a mente. Cyclone, um personagem da Marvel, pode controlar o vento. O Doutor Estranho é capaz de projeção astral e levitação. A Mística, de *X-Men*, pode se desmaterializar e tornar a se materializar. Stephen Jameson, de *Seres do amanhã*, pode se comunicar por telepatia. Mas poderes psíquicos semelhantes a esses estão disponíveis para todos nós através da consciência universal, que permeia você e todas as outras coisas no universo. Qualquer coisa que pode ser imaginada é possível, porque tudo é criado primeiro na consciência, depois no mundo físico.

Aqui está uma lista de definições de alguns dos poderes psíquicos mais comuns:

- **Projeção astral** envolve uma experiência fora do corpo (OBE, na sigla em inglês), na qual a consciência de uma pessoa se separa do corpo físico para viajar para lugares remotos.
- **Escrita automática** é a capacidade de produzir ideias e previsões por escrito sem intenção consciente.
- **Canalização** é a prática de agir como médium, através de quem a consciência de outros seres se comunica.
- **Clariaudiência** é a faculdade de perceber, de forma semelhante à audição, uma mensagem inaudível; por exemplo, "ouvir" sua mãe alertar você sobre alguma coisa perigosa quando ela está a mil quilômetros de distância.

- **Clarividência** é a habilidade de perceber uma pessoa, objeto ou lugar através de meios diferentes dos cinco sentidos; por exemplo, dizem que o presidente norte-americano Abraham Lincoln viu seu corpo repousando dias antes de ter sido assassinado.

- **Levitação** é o ato de se erguer ou fazer algo se erguer no ar. São José de Cupertino, o "santo voador" dos anos 1600, foi visto por muitos fiéis se erguendo acima do altar durante a missa em diversas ocasiões.

- **Telepatia** é a habilidade de se comunicar apenas através do pensamento, sem o uso de palavras faladas ou gestos físicos.

- **Cura psíquica** envolve curar doenças e restaurar a saúde através do poder do pensamento, com ou sem intervenções físicas como remédios ou cirurgias.

- **Visão remota** é a habilidade de receber visões ou sugestões mentais de um objeto ou lugar distante. Durante a Guerra Fria, tanto os Estados Unidos quanto a União Soviética fizeram experimentos com visão remota para espiar um ao outro.

- **Retrocognição** é a habilidade de ver ou vivenciar eventos passados dos quais você não tinha conhecimento prévio (por exemplo, saber sobre acontecimentos históricos ou a vida de figuras históricas sem nunca ter sido exposto a qualquer informação sobre eles).

- **Telecinese** é a habilidade de movimentar objetos físicos apenas com a mente. O processo de pensamento é telecinético, porque envolve movimentar mensageiros químicos e elétricos em seu cérebro. E, como você aprendeu no Capítulo 1, o movimento físico de *qualquer coisa* no universo tem impacto sobre *todas as coisas* no universo.

Embora esses poderes psíquicos estejam disponíveis para todo mundo através do funcionamento do subconsciente, algumas pessoas são mais sensitivas do que outras, e o poder específico parece variar entre indivíduos. A energia psíquica pode se manifestar como clarividência em uma pessoa, projeção astral em outra, cura psíquica em uma terceira e assim por diante.

Você já experimentou ou testemunhou um fenômeno psíquico? Se isso aconteceu, descreva sua experiência ou o que você observou.

Você é sensitivo

Com que frequência você pensou em uma pessoa e então ouviu o celular vibrar e você *soube* que era uma mensagem ou uma ligação dela? Ou talvez tenha sentido que alguém próximo a você estava com problema e, quando falou com essa pessoa, descobriu que sua intuição estava correta.

Você pode desenvolver essas habilidades psíquicas fazendo um esforço consciente para acionar seu subconsciente. Toda noite, relaxe seu corpo e faça a seguinte afirmação, em silêncio:

> Meus dedos dos pés estão relaxados, meus pés estão relaxados, meus tornozelos estão relaxados, minhas panturrilhas estão relaxadas, minhas coxas estão relaxadas, meus músculos abdominais estão relaxados, meu coração e meus pulmões estão relaxados, meu pescoço está relaxado, meus olhos estão relaxados, meu cérebro está relaxado, todo o meu corpo está relaxado, e eu estou em paz.

Nesse estado relaxado, você pode implantar as seguintes ideias em seu subconsciente de forma eficaz antes de dormir:

A inteligência infinita revela para mim tudo o que eu preciso saber em todo momento no tempo e lugar no espaço. Sou divinamente inspirado e divinamente guiado em todos os meus caminhos. Percebo intuitivamente a verdade sobre toda situação. Eu ouço a verdade, vejo a verdade e sei a verdade. O amor divino preenche todo o meu corpo. Eu sou iluminado pela sabedoria da inteligência infinita e tenho [cite os poderes psíquicos que você deseja]. A única voz que eu escuto é a voz interna da inteligência infinita.

Lembre-se de que você fica mais suscetível à energia psíquica quando o pensamento consciente é suspenso. Muitas pessoas com poderes psíquicos os experimentam apenas quando estão em transe ou em um estado semelhante ao transe, quando estão perdidos em meditação. O segredo é atingir um estado de *não* pensar. Deixe que seu consciente escape da prisão de seu corpo físico. Em um estado de pura consciência, você pode experimentar plenamente seus poderes psíquicos.

Cuidado: Use qualquer poder psíquico que você tenha para abençoar, ajudar, curar e inspirar. Nunca use esses poderes para tirar proveito de nenhuma pessoa nem fazer mal a ninguém de jeito nenhum. O mau uso desses poderes causaria uma reação desastrosa em você mesmo porque você é o único pensador em seu universo, e seu pensamento, sendo criativo, vai trazer para sua vida aquilo que você afirma ou o que acredita sobre a outra pessoa.

Ela pressentiu o perigo

Uma jovem enfermeira planejou uma viagem de avião, mas na noite anterior a sua partida teve uma experiência vívida. Em um sonho, ela viu o avião ser sequestrado, e uma voz interior entrou em contato com ela, dizendo: "Cancele sua viagem." A jovem acordou assustada, mas seguiu a instrução interior e cancelou a passagem. Depois soube que o voo que pegaria havia sido sequestrado.

O princípio orientador de seu subconsciente fez com que ela visse o evento antes que acontecesse para protegê-la. O plano de sequestrar o avião estava na consciência universal muito antes do dia do voo. Ele tinha sido posto ali através do subconsciente dos sequestradores que haviam planejado aquilo. Através do poder intuitivo do subconsciente, ela ganhou acesso a essa consciência universal para descobrir o plano.

Ela conseguiu usar seu subconsciente como um sistema de alerta repetindo a seguinte afirmação ao adormecer toda noite:

O amor perfeito me cerca aonde quer que eu vá, tornando minha jornada segura, alegre e pacífica. A inteligência infinita prepara meu caminho e me protege. Eu levo uma vida encantada.

Através de sua conexão com a consciência universal, a mente subconsciente sabe de tudo, escuta tudo e reage à natureza dos pensamentos de cada pessoa. Ao repetir essa afirmação toda noite, de forma amorosa e com confiança e gratidão, ela convidava a inteligência infinita a protegê-la, e a inteligência respondeu.

O médico visitava pacientes através de projeção astral

Muitas pessoas, consciente e inconscientemente, se viram fora de seus corpos naturais e descobriram que têm outro corpo, às vezes chamado de corpo sutil, corpo astral e corpo da quarta dimensão. É um corpo com uma vibração molecular mais elevada, mais ou menos como um ventilador que gira a uma velocidade tão alta que suas pás se tornam invisíveis. As pessoas podem ouvir, ver e se engajar em uma viagem extrassensorial de forma completamente independente de seu corpo físico.

O curandeiro espiritual norte-americano Phineas Parkhurst Quimby uma vez disse: "Sei que posso condensar minha identidade e também aparecer a distância." Seu corpo astral, ou da quarta dimensão, era tão real para o dr. Quimby quanto seu corpo físico, e essas aparições dele para pacientes a duzentos quilômetros ou mais de distância de sua casa se tornaram rotineiras para ele. Diversas vezes, ele demonstrou que os humanos são seres transcendentais que não estão restritos por tempo, espaço e matéria.

Em um caso, ele escreveu para uma mulher que vivia a uma grande distância de sua casa em Belfast, Maine, dizendo que iria visitá-la em determinado dia, embora nunca tenha revelado a hora certa. Devido a um descuido, a carta nunca foi enviada. Certo dia, a mulher que ele tinha prometido visitar recebeu uma amiga para o jantar, e a convidada disse: "Tem um homem parado atrás de sua cadeira", e ela o descreveu com detalhes. A dona da casa declarou: "Ah, esse é o dr. Quimby. Ele está me tratando." O dr. Quimby estava mental e espiritualmente presente com ela, em seu corpo da quarta dimensão, ou sutil, que foi visto pela convidada da casa.

Fisicamente, o dr. Quimby estava em sua casa em Belfast, se concentrando em sua paciente e contemplando o ideal divino — a força curativa e purificadora da presença curativa infinita que fluía através de sua paciente — e ele decidiu na mesma hora se projetar na presença dela, sem dúvida com a ideia de inculcar em sua paciente uma certeza maior de que ela seria curada.

Tudo de que ele precisava cruzou seu caminho

Robert Wright, de 19 anos de idade, me ajudava todo sábado de manhã a fazer meu programa de rádio em uma sala com isolamento acústico em minha casa. Ele estava praticando a lei de sua mente toda noite antes de dormir afirmando em silêncio o seguinte:

> A inteligência infinita em meu subconsciente me guia em todos os meus estudos na faculdade e revela a mim todas as respostas. Estou sempre equilibrado, sereno e calmo, e passo em todas as minhas provas na ordem divina. Sei que um carro é uma ideia na mente universal, e peço um carro agora, que vem a mim na ordem divina. Agradeço pela prece atendida. Sei que a natureza de minha mente mais profunda é responder a meus pedidos, e também sei que minha ideia, quando reproduzida com fé, vai ficar gravada em meu subconsciente e se realizar.

O resultado foi interessante. Certa noite, em torno de uma semana antes de uma prova especial, ele teve uma visão e soube todas as perguntas que seriam feitas. Ele tirou notas excelentes e ganhou uma bolsa de estudos de um valor considerável. O carro no qual ele ia para a faculdade quebrou na autoestrada e, no mesmo dia, ganhou um novo de presente.

Quando o carro quebrou, ele afirmou com ousadia: "Só coisas boas podem vir disso", e apenas coisas boas chegaram a ele.

Um oficial do Exército escuta a voz do irmão: "Você será salvo"

Alguns anos atrás, falei em um jantar de um clube, e um oficial do Exército se sentou ao meu lado. Ele tinha acabado de voltar do Vietnã e contou que ele e o irmão tinham sido feridos durante uma patrulha, mas que seu irmão havia morrido em decorrência dos ferimentos antes que a ajuda pudesse chegar. Então uma coisa muito estranha aconteceu. O irmão do oficial apareceu para ele e disse: "O socorro não está longe; vou dizer a eles onde você está e você vai ser salvo." Em cerca de meia hora, dois socorristas chegaram e lhe prestaram ajuda. Eles disseram: "Um oficial apareceu do nada e nos guiou até aqui." Eles descreveram o oficial, e sua descrição batia em cada detalhe com a de seu falecido irmão. Depois de algumas horas, o helicóptero o levou para um hospital do Exército, onde ele se recuperou rapidamente de seus ferimentos.

Na verdade, não há nada estranho nisso quando você para e pensa nas coisas. Você é um ser mental e espiritual. Ao deixar o corpo, assume imediatamente seu corpo astral. Você pode ver e ser visto, entender e ser entendido, e tem memória perfeita. Em outras palavras, sua personalidade nunca morre. O irmão falecido tinha um desejo intenso de salvar a vida do irmão. Seu subconsciente sabia a localização dos socorristas e imediatamente se projetou ali, permitindo que fosse visto por eles. Além disso, seu subconsciente o empoderou para falar e dar ordens.

Hoje em dia, é bem sabido em laboratórios científicos e acadêmicos que você pode pensar, sentir, ver, ouvir e viajar independentemente de seu corpo físico. Em outras palavras, todas as faculdades de seus sentidos podem ser duplicadas apenas na mente. A inteligência infinita não comete erros, portanto tem a intenção de que você use todas essas faculdades de forma transcendente a seu corpo e ambiente físicos. O corpo sutil, ou corpo da quarta dimensão, pode aparecer e desaparecer à vontade, entrar por portas fechadas, dar mensagens, movimentar objetos substanciais. Lembre-se, você tem uma infinidade de corpos. Esses corpos estão vibrando em uma frequência molecular mais alta, mais como campos de energia do que objetos físicos.

Uma experiência fora do corpo

Uma mulher uma vez me contou que, em uma véspera de Natal movimentada, ela sentiu um desejo intenso de estar com sua mãe em Nova York. Ao pegar no sono, concentrando todos os seus pensamentos em sua velha casa em Nova York, ela imediatamente se viu na casa da mãe tentando abrir a porta da frente. Ela, porém, conseguiu entrar pela porta dos fundos e subiu até o quarto da mãe, onde ela estava deitada acordada lendo o jornal.

Sua mãe levou um susto e perguntou: "Por que não avisou que vinha? Eu ouvi você subindo a escada; sabia que era você."

A mulher beijou a mãe e disse: "Feliz Natal, mãe! Eu preciso ir agora", então se viu de volta a seu corpo em Los Angeles. Ela conseguiu descrever tudo no quarto e tinha ouvido as músicas de Natal no rádio com nitidez.

Essa não é uma experiência incomum. Ela estava concentrada em sua mãe antes de dormir e tinha desenvolvido um desejo intenso de estar com ela na véspera de Natal. Esse desejo carregou seu subconsciente com uma missão, e ela projetou sua personalidade em um novo corpo a cinco mil quilômetros de distância. Sua mãe sentiu o toque de seus lábios e suas mãos, ouviu sua voz com clareza. Ela entrou pela porta dos fundos mesmo estando trancada, e se sentou em uma cadeira ao lado da cama da mãe. A mulher tinha consciência de estar fora do corpo e consciência de um corpo mais semelhante a um espírito que podia passar através de portas trancadas ou outros objetos materiais.

Vivencie destemidamente este universo incrível

O universo é físico e metafísico. O mundo físico é o que podemos ver, sentir e tocar. Ele é energia e matéria. O metafísico, que não é menos real, é a consciência e a inteligência que organizam, guiam e orientam. É a consciência, que flui e abarca tudo no universo físico e além.

Da mesma forma, você é um ser físico e metafísico. Com o seu corpo físico, você é parte de um universo físico e pode experimentar plenamente a realidade física. Com o seu eu metafísico, você faz parte do universo metafísico, parte da força que flui e abarca tudo. Seu eu metafísico organiza, guia e orienta. Ele é uma força criativa e equipa você com poderes psíquicos incríveis que transcendem o domínio físico, permitindo que você crie sua própria realidade dentro do domínio físico.

A maioria das pessoas vive apenas metade de suas vidas. Elas vivem totalmente no domínio físico, restritas por suas limitações físicas e à mercê de suas circunstâncias. Não aceite viver apenas metade de sua vida. Acione seu subconsciente, que é sua chave para vivenciar de maneira destemida e plena esse universo maravilhoso tanto em sua majestade física quanto metafísica.

PRÓXIMOS PASSOS

UTILIZAR O PODER DE SEU SUBCONSCIENTE para alcançar o sucesso em todas as áreas da vida exige uma abordagem persistente e consciente. Voltar a velhos hábitos e a pensamentos de derrota e limitadores é fácil e muito comum. Permaneça sempre vigilante a quaisquer ideias ou pensamentos negativos aos quais você pode ser exposto.

Pensamentos e ideias negativos costumam ser muito sutis — por exemplo, anúncios de remédios na televisão ou em redes sociais podem plantar sementes de doença em sua mente, ou alguém pode fazer um comentário ou uma pergunta que fazem você duvidar de sua habilidade de atingir um objetivo. Rejeite essas sugestões, ou pelo menos as desafie. Rebata todos os pensamentos negativos e limitadores com afirmações positivas e imagens mentais.

Evite pessoas negativas quando possível. O Zé ou a Maria Deprimente sempre vão focar a escassez, a limitação e tentar arrastar pessoas para o mesmo buraco em que estão. Afaste-se dessas pessoas. Se você não pode evitá-las ou quer ajudá-las, desafie sua negatividade. Apresente soluções para seus problemas ou desafie-as a oferecerem soluções próprias. Se elas estão criticando o jeito como alguém está lidando com uma situação, por exemplo, pergunte a elas o que fariam de forma diferente ou o que poderiam fazer para ajudar. Se estão reclamando da regra da qual discordam na escola ou no trabalho, peça que expliquem por que discordam dela ou como poderiam mudá-la.

Tenha em mente que a maior parte dos pensamentos negativos diz respeito a uma situação que pode ser solucionada ou um problema que pode ser resolvido. A falta de entendimento e de imaginação em geral são os maiores empecilhos para uma solução. Com o poder do seu subconsciente, todo problema pode ser resolvido.

Por fim, não guarde este livro para esquecê-lo para sempre. Releia-o com intervalos de alguns meses ou sempre que se sentir frustrado ou desanimado. Este livro pode servir como um lembrete constante de que, através do poder do seu subconsciente, você tem as chaves de seu sucesso. Enquanto tiver liberdade para pensar, terá o poder de ser, fazer e possuir tudo que empregar sua mente para conseguir, porque tudo o que faz, tudo o que conquista e tudo o que cria começa com um pensamento.

Mude sua cabeça, mude sua vida.

Direção editorial
Daniele Cajueiro

Editora responsável
Ana Carla Sousa

Produção editorial
Adriana Torres
Júlia Ribeiro
Mariana Oliveira

Revisão de tradução
Manoela Soares

Revisão
Alice Cardoso
Ítalo Barros

Diagramação
Henrique Diniz

Este livro foi impresso em 2024, pela Vozes, para a Agir.
O papel do miolo é Avena 70g/m² e o da capa é Cartão 250g/m².